HEIDELBERGER AKADEMISCHE BIBLIOTHEK 4

Im Auftrag der
Heidelberger Akademie der Wissenschaften
herausgegeben von
Peter Graf Kielmansegg und
Bernhard Zimmermann

Anton Friedrich Koch

Philosophie und Religion

ALFRED KRÖNER VERLAG STUTTGART

Anton Friedrich Koch
Philosophie und Religion
1. Auflage
Stuttgart: Kröner 2020
(Heidelberger Akademische Bibliothek: Band 4)
ISBN Druck: 978-3-520-90004-3
ISBN E-Book: 978-3-520-90094-4

Klimaneutral
Druckprodukt
ClimatePartner.com/12514-2009-1014

Gesamtherstellung: Friedrich Pustet Regensburg

Inhalt

Für Christoph

Vorbemerkung der Herausgeber

Mit der *Heidelberger Akademischen Bibliothek* möchte die Heidelberger Akademie der Wissenschaften ein Forum schaffen, auf dem die Mitglieder der Akademie sich auf eine neue Weise der interessierten Öffentlichkeit vorstellen können. Schon immer haben sich die Akademien der Wissenschaften durch die Publikation der in den Klassensitzungen gehaltenen Vorträge an die Öffentlichkeit gewandt. Aber diese Berichte haben aus vielen Gründen nicht mehr die Bedeutung, die sie einmal hatten. Die Heidelberger Akademie der Wissenschaften stellt ihnen deshalb eine neue Schriftenreihe zur Seite. In der *Heidelberger Akademischen Bibliothek* soll der Idee nach möglichst jedes Akademiemitglied ein für seine Forschungsarbeit charakteristisches Thema in einem wissenschaftlichen Essay so abhandeln, dass die jeweilige Fachwissenschaft davon Notiz zu nehmen Anlass hat, zugleich aber auch eine weitere Öffentlichkeit angesprochen wird. Jedes Mitglied soll, das ist der Gedanke, hier eine wissenschaftliche Visitenkarte abgeben. Und in der Summe der Beiträge soll der Kosmos der Wissenschaften so, wie er in der Heidelberger Akademie der Wissenschaften präsent ist, sichtbar werden, mit der ganzen Vielfalt von Themen, Fragestellungen, Methoden.

Die Heidelberger Akademie der Wissenschaften ist, im Unterschied zu anderen Akademien, noch immer in nur zwei Klassen gegliedert – die mathematisch-naturwissenschaftliche, die die Technikwissenschaften einschließt, und die philosophisch-historische, zu der auch die Sozialwissenschaften gehören. Es sind ganz überwiegend die in der philosophisch-historischen Klasse vertretenen Fächer, die das Buch noch als unverzichtbares Medium und den Essay als eine der Formen wissenschaftlichen Publizierens ansehen. Das spiegelt sich auch in der *Heidelberger Akademischen Bibliothek* wider. Die mathematisch-naturwissenschaftliche

Klasse, für deren Fächer inzwischen ganz andere Regeln des Publizierens gelten, wird nicht flächendeckend, wohl aber durch einzelne ihrer Mitglieder in der *Heidelberger Akademischen Bibliothek* präsent sein. Die philosophisch-historische Klasse umfasst aber schon für sich eine solche Fächervielfalt, dass sie einen eigenen Wissenschaftskosmos darstellt.

Wissenschaft und Öffentlichkeit – das ist keine einfache Beziehung, schon gar nicht in Zeiten, in denen die Wissenschaft sich dem Verständnis derer, die nicht selbst als Wissenschaftler tätig sind, immer stärker entzieht; in Zeiten zudem, in denen zugleich der Erwartungsdruck auf die Wissenschaft und das Misstrauen gegenüber der Wissenschaft wachsen. In der *Heidelberger Akademischen Bibliothek* werden vornehmlich die Wissenschaften zu Worte kommen, die sich in besonderer Weise der Frage nach ihrer ›Nützlichkeit‹ ausgesetzt sehen. Die *Heidelberger Akademische Bibliothek* hofft, einen bescheidenen Beitrag dazu leisten zu können, dass sichtbar bleibt, warum wir den Kosmos der Wissenschaften in seiner ganzen Vielfalt und Weite brauchen.

Peter Graf Kielmansegg *Bernhard Zimmermann*

Einleitung
Worum es geht und was zu diskutieren ist

§ 1. Vorbemerkungen zum Thema

Die Titelworte »Philosophie« und »Religion« bezeichnen zwei weite Felder, die, so disparat sie scheinen mögen, sich in ihrer Geschichte und in der Sache vielfach berühren und überlagern. Ihr Grenzbereich ist zudem »vermintes Gelände«.[1] Es gilt daher, das Thema einzuengen und näher zu bestimmen, was im Folgenden verhandelt werden soll.

Die Philosophie, um auf ihrer Seite zu beginnen, ist in ihrem Kerngeschäft die Wissenschaft vom Denken und vom Sein und von deren Verhältnis. An ihrem Anfang hat Parmenides von Elea dieses Verhältnis verblüffenderweise als Identität bestimmt: »[…] das nämlich Selbe ist sowohl Denken wie Sein.«[2] Das Befremden darüber wird kaum gemildert durch seine Disjunktion von Denken und Verneinen. Entweder, so lehrt er, denken wir, und dann einzig das Sein, oder wir verneinen und sind dabei in bloßer Meinung, in Widersprüchen und im Schein des Vielen und Werdenden befangen. Weniger anstößig vielleicht, doch ebenso interpretationsbedürftig fasste sein Zeitgenosse Heraklit jenes Verhältnis als den *Logos*, der alles, insbesondere

1 So Habermas 2001, S. 28. Ein wenig mehr dazu unten zu Beginn von § 12.

2 Parmenides, Fragment 3: … τὸ γὰρ αὐτὸ νοεῖν ἐστίν τε καὶ εἶναι (Diels/Kranz 28 B 3). Deflationäre Übersetzungen in der Tradition von Eduard Zeller und Wolfgang Schadewaldt verstehen ἐστίν im Sinn von ›es ist möglich‹, so Hölscher 1969, S. 17: »Denn dasselbe kann gedacht werden und sein.« Aus Expertenmund lassen wir uns gern belehren, dass diese Übersetzung zulässig ist; doch störend bleibt, dass τὸ αὐτό dann doppelte Dienste leistet: als Akkusativobjekt zu νοεῖν und als Nominativ zum Infinitiv εἶναι, vgl. im Dt.: ›Denn es ist möglich, dass man dasselbe denkt und der Fall ist.‹

Denken und Sein, zusammenfügt.[3] Das Nomen λόγος gehört zum Verb λέγειν, zu Deutsch: *(auf)lesen, zusammenlesen, sammeln*, dann auch *sagen*, *sprechen*, *auslegen*. Der Logos ist demgemäß die *Rede* oder ursprünglicher, wenn wir an die Traubenernte und an die Schriftsprache denken, die *Lese*; und man kann tatsächlich zeigen, dass wir, wenn wir Dinge in der Wahrnehmung zusammenlesen, im Grunde dasselbe tun wie nachher, wenn wir Buchstaben zu Worten und Sätzen zusammenlesen. Aber das ist ein Vorgriff. Fürs Erste ist nur festzuhalten, dass wir zweieinhalbtausend Jahre nach Heraklit und Parmenides mit ungebrochener Intensität das Denken und das Sein zu untersuchen haben sowie den Logos, der sie – womöglich zu spannungsvoller Identität – verbindet. Wer sich über den Stand dieser ältesten und grundlegenden Wissenschaft, der Ersten Philosophie, unterrichten möchte, sei auf Beiträge aus dem Kontext des *Analytischen Deutschen Idealismus* hingewiesen.[4] Hier werden wir nur einen schmalen Ausschnitt der Lehren der Ersten Philosophie abrufen, nur so viel, wie nötig ist, um zu ermessen, was aus ihnen für die Möglichkeit von Religion folgt. Auch dabei wird es um das Verhältnis von Denken und Sein, Selbstbewusstsein und Objektivität gehen.

Die Religion auf der anderen Seite kann man weiter oder enger fassen, weit etwa mit dem frühen Schleierma-

---

3 Soweit man seine vielerlei kurzen Fragmente in diesem Sinn deuten kann. In ihnen spielt der Begriff des ›Logos‹ zumindest eine zentrale Rolle. »Was bedeutet λόγος?«, fragt etwa Heidegger und antwortet (1979, S. 242): »Den ersten Hinweis entnehmen wir einigen Sprüchen des Heraklit.« Heidegger konzentriert seine Untersuchung dann besonders auf die Fragmente 32, 112, 50 und 45.

4 So heißt eine von James Conant und Andrea Kern herausgegebene Buchreihe. Ganz unabhängig von ihr könnte man etwa Falk 2010, Kimhi 2018, Martin 2018, Pippin 2019 und Rödl 2019 einem analytischen Denken in der Fluchtlinie des deutschen Idealismus zuordnen.

cher als »Sinn und Geschmack fürs Unendliche«,[5] enger und begrifflich artikulierter als Theismus, worunter der jüdisch-christlich-muslimische Glaube an einen allmächtigen Schöpfergott zu verstehen ist, und noch enger und spezifischer zuletzt als Inhalt der ökumenischen Glaubensbekenntnisse der Christen, namentlich des apostolischen Bekenntnisses, das regelmäßig in den Gottesdiensten der christlichen Hauptkonfessionen gebetet wird. Es sei kurz in Erinnerung gerufen, weil es in der Folge als Bezugspunkt dienen soll:

> Ich glaube an Gott, den Vater, den Allmächtigen, den Schöpfer des Himmels und der Erde.
> Und an Jesus Christus, seinen eingeborenen Sohn, unsern Herrn, empfangen durch den Heiligen Geist, geboren von der Jungfrau Maria, gelitten unter Pontius Pilatus, gekreuzigt, gestorben und begraben, hinabgestiegen in das Reich des Todes, am dritten Tage auferstanden von den Toten, aufgefahren in den Himmel; er sitzt zur Rechten Gottes, des allmächtigen Vaters; von dort wird er kommen, zu richten die Lebenden und die Toten.
> Ich glaube an den Heiligen Geist, die heilige katholische [d.h. allgemeine christliche] Kirche, Gemeinschaft der Heiligen, Vergebung der Sünden, Auferstehung der Toten und das ewige Leben. Amen.

In den drei Artikeln des Bekenntnisses spiegelt sich das Trinitätsdogma, das im Text nicht formuliert wird, das heißt die Lehre von der Einheit Gottes in seinen drei Personen, dem Vater, dem Sohn und dem Heiligen Geist. Streicht man die Erwähnung des *Vaters* im ersten Artikel, so erhält man den fundamentalen Glaubenssatz des Theismus: »Ich glaube an Gott, den Allmächtigen, den Schöpfer des Himmels und der Erde.« Ein Schöpfer, versteht sich, ist ein denkendes und handelndes Wesen, eine Person, und

5 Schleiermacher 1799/2004, S. 30.

so wird Gott im Theismus konzipiert, im Christentum dann spezifischer – und problematischer – als drei Personen in einer.

Holm Tetens hat vor einigen Jahren in seinem breit rezipierten *Versuch über rationale Theologie* erkundet, wieviel Boden eine modernisierte rationale Theologie gegenüber dem philosophischen Naturalismus gutmachen könnte.[6] Der Naturalismus ist eine Familie von Ansichten, die den Satz des Protagoras, dem zufolge der Mensch das Maß aller Dinge ist, zuspitzen auf den Menschen als Mitglied einer idealtypischen naturwissenschaftlichen Gemeinschaft.[7] Der Mensch nicht mehr einfachhin, sondern nun qua ideale Naturwissenschaftlerin ist das Maß aller Dinge: der seienden, dass sie sind, und der nichtseienden, dass sie nicht sind.[8] Tetens möchte diesem Naturalismus eine rationale Theologie als Alternative gegenüberstellen und formuliert fünf Bedingungen, die sie erfüllen muss, um theoretisch ebenbürtig zu sein: Sie darf, sagt er, erstens »keinen anerkannten Thesen der Wissenschaften [...] widersprechen«, muss zweitens »jedem Wunderglauben eine Absage« erteilen, der mit anerkannten Naturgesetzen konfligiert (der

6 Tetens 2015.

7 Für einen anti-anthropozentrischen Naturalismus vgl. § 7, für den üblichen, tendenziell pragmatistischen § 2.

8 Vgl. Diels/Kranz 80 B 1 und Platon, *Theaitetos*, 152a, wo Sokrates Protagoras mit den Worten zitiert, πάντων χρημάτων μέτρον ἄνθρωπον εἶναι, τῶν μὲν ὄντων ὡς ἔστι, τῶν δὲ μὴ ὄντων ὡς οὐκ ἔστιν: ›das Maß aller Dinge sei der Mensch, der seienden, dass sie sind, der nicht seienden, dass sie nicht sind‹. Platon interpretiert den Satz unfreundlich, als wolle Protagoras alle Urteile für privatgültig erklären. Wohlwollender interpretiert, erklärt Protagoras die Gattung Mensch zum Maßstab für das Sein der Dinge. An den kognitiven menschlichen Reaktionen bemisst sich somit, was der Fall ist, wie sich mittels eines Zollstocks oder Meterstabs die Entfernungen der Dinge messen lassen. Das Gemessene, Sein oder Entfernungen, kommt aber unabhängig vom jeweiligen Maßstab vor.

Glaube, dass 1954 in Bern ein Fußballwunder geschah, fällt also nicht unter dieses Verdikt), und drittens »alle fundamentalen Prinzipien vernünftigen Denkens« respektieren, insbesondere den Satz vom ausgeschlossenen Widerspruch. »Erfüllt sie diese drei Bedingungen, scheint rationale Theologie erst einmal eine Weggefährtin des Naturalismus zu sein«, stellt Tetens fest.[9] Doch dann trennen sich die Wege, denn die rationale Theologie muss viertens »eine Lehre von Gott aus bestimmten Schwierigkeiten und Problemen des Naturalismus dialektisch herleiten«, wobei sie allerdings fünftens nicht davon träumen darf, »den Naturalismus definitiv widerlegen und den Theismus im Gegenzug definitiv beweisen« zu können.[10] Vielmehr gilt es, ein argumentatives Patt zwischen Naturalismus und Theismus herzustellen, das dem religiösen Bedürfnis die Berechtigung zuwachsen lässt, sich als vernünftiger Gottesglaube neben dem naturalistischen Wissenschaftsglauben zu artikulieren. Mit anderen Worten, die Existenz Gottes muss als eine reale Möglichkeit ausgewiesen werden, die durch den Naturalismus nicht ausgeschaltet werden kann. Was auf diesem Wege eine rationale Theologie im Modus der Möglichkeit als »vernünftige Hoffnung zu rechtfertigen« vermag, ist nach Tetens' Resümee »ein Torso des apostolischen Glaubensbekenntnisses der Christen«:

> Ich glaube an Gott, den Vater, den Allmächtigen, den Schöpfer des Himmels und der Erde. […] Ich glaube an den Heiligen Geist, […], Vergebung der Sünden, Auferstehung der Toten und das ewige Leben.[11]

Von ferne werden wir uns hier an Kant erinnert fühlen, der einen unbeweisbaren, aber vernünftigen Glauben an

9 Tetens 2015, S. 8 f.
10 Ebd., S. 9 f.
11 Ebd., S. 10 mit Fußnote 9.

die Unsterblichkeit der Seele und die Existenz Gottes als Postulat der reinen praktischen Vernunft hergeleitet zu haben beanspruchte.

Die vorliegende Abhandlung wird andere Akzente setzen. Abweichend von Holm Tetens wird sie zeigen, dass der Naturalismus mittels der Ersten Philosophie widerlegt werden kann, und nochmals abweichend, dass damit für den Gottesglauben nichts gewonnen ist. Im Gegenteil. Die Widerlegung des Naturalismus ist so zweischneidig, wie die Widerlegung des Empirismus in Kants *Kritik der reinen Vernunft* es war, die eine Widerlegung des klassischen Rationalismus zu ihrer Kehrseite hatte. Die des Naturalismus trifft nun zugleich den Theismus und lässt es in der Folge so scheinen, als seien diese beiden Positionen verfeindete Zwillinge wie einst Esau und Jakob und als habe auch hier der Jüngere, der Naturalismus, dem älteren Theismus das Erstgeburtsrecht abgehandelt und dann des gemeinsamen Vaters Segen erschlichen. Wie auch immer – der Ersten Philosophie müssen nun beide weichen.

Von diesen Zusammenhängen handelt der erste Teil der Abhandlung, der zweite sodann von der Trauer um die verlorene Religion und von der Suche nach ihr und einem möglichen Wiederfinden. Um den Naturalismus ist es nicht schade; denn da an ihn keine wesentliche Menschenhoffnung geknüpft ist, kann er ohne Verlustschmerz im Archiv gescheiterter Theorieansätze abgelegt werden. Die Religion aber und besonders die theistische antwortet auf unabweisbare Nöte und Fragen der Menschen, zum Beispiel auf diese: Wie kann den in Auschwitz Ermordeten gegen alle irdische Wahrscheinlichkeit doch noch Gerechtigkeit und Glück zuteilwerden? Hier kommen wir mit Holm Tetens wieder überein; denn ihm wie uns geht es um eine vernünftige Hoffnung auf die »Auferstehung der Toten und das ewige Leben«. Wenigstens die bloße Möglichkeit, dass diese Hoffnung sich erfülle, sollte offengehalten und theoretisch gerechtfertigt werden können. Die Ergebnisse der Ersten Philosophie lassen jedoch selbst dieses bescheidene Rechtfertigungsprogramm aussichtslos erscheinen. Trotzdem wollen wir uns in Teil II darauf einlassen.

§ 2. Zwei Versionen des Naturalismus: Quine und Sellars

Die beiden großen amerikanischen Nachkriegsphilosophen Willard van Orman Quine (1908–2000)[12] und Wilfrid Sellars (1912–89) waren philosophische Naturalisten unterschiedlichster Couleur. Von ihren Einsichten und Argumenten lässt sich vieles lernen und manches übernehmen. Quine verstand seinen Naturalismus als einen Monismus der wissenschaftlichen Methode in Abgrenzung vom Methodendualismus seines Freundes und Mentors Rudolf Carnap. Carnap hatte die Logik, die Mathematik und die Wissenschaftsphilosophie als formale, analytische Wissenschaften grundsätzlich von den Erfahrungswissenschaften geschieden. Quines naturalistische Programmformel lautet demgegenüber: Es gibt keine Wissenschaft a priori und daher keine Erste Philosophie.[13] Es gibt, strenggenommen, ebenso wenig eine Wissenschaft a posteriori, denn Quines Punkt ist, dass wir uns die Unterscheidung zwischen Erkenntnissen a priori, d.h. solchen, die sich durch bloßes Nachdenken begründen lassen, und Erkenntnissen a posteriori, deren Begründung direkt oder indirekt auf Beobachtung rekurrieren muss, nicht theoretisch verständlich machen können. Zwar lassen sich scheinbar klare Fälle

12 Als Autor schreibt er sich mit großem ›V‹: W.V. Quine. (»Van« war sein Rufname unter Freunden.)

13 Der Naturalismus ist die Preisgabe des Ziels einer Ersten Philosophie: »the abandonment of the goal of a first philosophy« (Quine 1981, S. 72).

anführen. Wer aus dem Fenster schaut und sieht, dass es regnet, weiß a posteriori, dass es regnet. A priori hingegen erkennen wir logische Zusammenhänge, mathematische Lehrsätze und triviale analytische Wahrheiten wie die, dass alle Junggesellen ledig sind, was uns ohne Feldforschung einleuchtet. Aber es lässt sich den klaren Fällen keine nur halb so klare begriffliche Abgrenzung zuordnen, die die einen als Erkenntnisse a priori oder als analytische Wahrheiten und die anderen als Erkenntnisse a posteriori bzw. synthetische Wahrheiten auszuzeichnen erlaubte. Deswegen betrachtet Quine die Philosophie, die er primär als Erkenntnistheorie versteht, wie auch die Logik und die Mathematik als prinzipiell eingereiht in das methodisch homogene Spektrum der Wissenschaften. Freilich wird er kein Opfer seiner eigenen – temporären – Propaganda für eine naturalisierte Erkenntnistheorie[14] und lässt sich nicht selbst auf einen transdisziplinären Synkretismus ein, sondern zeigt sich »dankbar« für die Möglichkeit, die Erkenntnistheorie ohne Anleihen aus »Neurologie, Psychologie, Psycholinguistik, Genetik oder Geschichte« mit »wenig mehr als logischer Analyse« entwickeln und begründen zu können.[15]

Sellars auf der anderen Seite hält an Carnaps Methodendualismus fest und konzipiert die Erkenntnistheorie wie die Philosophie überhaupt als reine, apriorische Sprachwissenschaft. Eine empirisch bedeutungsvolle Allzwecksprache muss in syntaktischer, semantischer und pragmatischer Perspektive betrachtet werden, wobei die Pragmatik (als Theorie möglicher Sprachverwendungen in Wahrnehmungs- und Handlungssituationen) die Semantik und die Semantik die Syntax einbettet. Carnap, dem es auf unselbständige, formale Teilsprachen ankam, die geeignet wären,

14 Vgl. ders. 1969.
15 Ders. 1990, S. 1 f. (meine Übersetzung, A.F.K.).

die Naturwissenschaft auszudrücken, beschränkte sich in den 1930er Jahren zunächst auf Studien zur reinen Syntax und in den 1940er Jahren auf Studien zur reinen Syntax-und-Semantik.[16] Doch Sellars will verstehen, wie eine Sprache logisch aufgebaut sein muss, in der alles menschliche Erkennen, Fühlen und Wollen ausgedrückt werden kann. Daher entwirft er sein philosophisches Forschungsprogramm – explizit in seinen frühen Aufsätzen – als das einer umfassenden reinen Pragmatik.[17] Zu deren Hauptergebnissen gehört, dass die Sprache eine multidimensionale begriffliche Struktur, ein ganzes Weltbild ist, im faktischen Fall des modernen Menschen, der von Afrika aus den Erdball bevölkerte, das »manifeste Weltbild«, in dem wir die Lebenswelt konzeptualisieren und unseren Alltag organisieren.[18] Ein Weltbild muss deskriptives, theoretisches Reden ebenso ermöglichen wie praktisches und normatives Reden, objektsprachliches ebenso wie metasprachliches, und es muss eine basale deskriptive Ebene enthalten, auf der elementare Prädikationen vorkommen, wie »Theaitetos sitzt« und »Brutus tötet Cäsar«. Doch Wahrheit gibt es nicht nur auf der Ebene solcher Elementarsätze, sondern in vielen Komplexionsgraden und auf vielen Diskursebenen, insbesondere auch im normativen Diskurs. Spezifisch für wahre Elementarsätze ist nur, dass sie korrekte logische Bilder des außersprachlich Realen sind.

Was den Naturalismus angeht, so galt in Sellars' Elternhaus, bei seinem Vater Roy Wood Sellars, der an der Universität von Michigan in Ann Arbor Philosophie lehrte, dieser Ausdruck, wie der Sohn 1979 im Rückblick schreibt,[19]

16 Vgl. seine Bücher Carnap 1934 und Carnap 1947.
17 Vgl. den Sammelband Sicha 1980.
18 Sellars (1963a) kontrastiert das »manifest image of man in the world« einem künftigen »scientific image«.
19 Ders. 1979, S. 2 (meine Übersetzung, A.F.K.).

> als ebenso Wischiwaschi und ambig wie der Pragmatismus. Man konnte *beinahe* Beliebiges über die Welt und sogar *einiges* über Gott glauben und dennoch ein Naturalist sein. […] Mein Vater konnte sich besten Gewissens einen Materialisten nennen, weil er damals der einzige in Sichtweite war. Doch mir gebührt die Bezeichnung nicht, […] ich ziehe die Bezeichnung ›Naturalismus‹ vor, die [seither] unter Beibehaltung ihrer methodischen Konnotationen einen sachlichen Inhalt gewonnen hat, der […] mit dem wissenschaftlichen Realismus, wenn er ihn auch nicht impliziert, zumindest nicht unverträglich ist.

Auf diejenigen inhaltlichen Konnotationen des Naturalismus also kommt es Wilfrid Sellars an, die in die Richtung eines wissenschaftlichen Realismus weisen. Diesen formuliert er als auf die Wissenschaft – zuletzt die Physik – zugespitzten Homo-mensura-Satz: »In der Dimension des Beschreibens und Erklärens der Welt [in der zuletzt die logischen Bilder des Realen entworfen werden] ist die Wissenschaft das Maß aller Dinge, dessen, was ist, dass es ist, und dessen, was nicht ist, dass es nicht ist.«[20] Die Gegenposition dazu ist der wissenschaftstheoretische Instrumentalismus, die Ansicht, dass die exakten Wissenschaften mathematische Formalismen sind, die nicht unmittelbar Reales beschreiben, sondern nur dazu dienen, aus vergangenen Beobachtungen auf künftige zu schließen oder gegenwärtige aus vergangenen herzuleiten. Sie wären demnach bloße Instrumente, um die ›eigentliche‹, die lebensweltliche Realität zu berechnen und zu beeinflussen. Dem widerspricht Sellars mit der Begründung, dass unser manifestes Weltbild mehr Fragen zu stellen erlaubt, als mit seinen begrifflichen Mitteln beantwortet

20 »[I]n the dimension of describing and explaining the world, science is the measure of all things, of what is that it is, and of what is not that it is not« (ders. 1963b, S. 173, § 41).

werden können. In unseren wissenschaftlichen Theorien gehen wir daher begrifflich über es hinaus. Doch die wissenschaftlichen Antworten haben nur dann einen Erklärungswert, wenn das, worauf in ihnen Bezug genommen wird – theoretische Entitäten wie Moleküle, Atome, Elementarteilchen usw. –, real ist. Die kinetische Gastheorie etwa kann das Verhalten von Gasen nur unter der Annahme erklären, dass die von ihr postulierten Gasmoleküle wirklich existieren.

Sellars macht sich seine Sache nicht leicht, sondern diagnostiziert eine prekäre Bewusstseinsspaltung in unserem gegenwärtigen Weltverhältnis, die der Behandlung bedarf. Zwar ist seit alters im Sprechen und Denken des modernen Menschen das Begriffssystem des manifesten Weltbildes niedergelegt, dessen basale Entitäten mittelgroße, wahrnehmbare Dinge und darunter solche Dinge – Personen – sind, die unter epistemischen und praktischen Normen stehen. Doch seit einigen Jahrhunderten nötigt uns der Erkenntnisfortschritt, ans manifeste Weltbild Theorien anzubauen, die begrifflich nicht zu ihm passen, sondern mit ihm konfligieren. Ein rosaroter Eiswürfel etwa wird als homogenes lebensweltliches Kontinuum konzipiert, rosarot bis hinab ins Infinitesimale.[21] Seinem wissenschaftlich gefassten Wesen nach aber ist er ein Aggregat diskreter H_2O- plus einiger Farbstoffmoleküle. Beides zugleich kann er nach Sellars nicht sein. Wir müssen daher wählen zwischen der Gültigkeit des manifesten Weltbildes und der Gültigkeit unserer wissenschaftlichen Theorien und, indem wir uns für die Wissenschaft entscheiden, den Preis zahlen, unser einziges und gegenwärtig alternativloses Weltbild – denn wir sind weit davon entfernt, unseren Alltag im Vokabular der theoretischen Physik zu leben und zu begreifen – für unzutreffend zu erklären. Die Lebenswelt,

21 Vgl. ders. 1981, S. 67ff.

wie wir sie im manifesten Weltbild konzeptualisieren, sagt Sellars, ist Erscheinung, während die Wissenschaft nicht etwa nur deren verborgenes Wesen, sondern das mit der Erscheinung inkompatible Ding-an-sich beschreibt. Zwar ist das wissenschaftliche Weltbild, dem auch der praktische und der normative Diskurs noch eingezeichnet werden müssten, ferne Zukunftsmusik. Aber wir sind, glaubt Sellars, auf dem Weg dahin und haben die ersten Schritte schon getan.

Quine hingegen bekennt sich zu einem robusten Realismus angesichts der lebensweltlichen Dinge, der jedoch abgeschwächt wird durch seine Generalthese der ontologischen Relativität. Die ›Ontologie‹ einer Theorie – Quine versteht darunter die Menge der von ihr als existent vorausgesetzten Objekte – ist in vielerlei Hinsichten frei variierbar. So lassen sich etwa die lebensweltlichen dreidimensionalen Dinge, die sich in der Zeit verändern, in Gedanken ersetzen durch (3 + 1)-dimensionale materielle Füllungen von Raumzeitgebieten. Quine nennt sie *physikalische Objekte*; sie passen zur vierdimensionalen Raum-Zeit der relativistischen Physik. Doch man kann im Austauschen der ›Ontologie‹ noch weitergehen, nämlich durch die physikalischen Objekte sozusagen kürzen und die Prädikate, die von ihnen galten, in Gedanken unmittelbar auf die von ihnen erfüllten Raum-Zeit-Gebiete anwenden. Ein Raumzeitgebiet besitzt infolgedessen eine Masse und andere physikalische Eigenschaften; die Objekte fallen weg. Und selbst dies ist noch nicht das Ende; denn Raum-Zeit-Gebiete können als Mengen von Raum-Zeit-Punkten gefasst, und jeder solche Punkt kann mittels eines beliebig gewählten raumzeitlichen Koordinatensystems durch vier Koordinaten, also ein Quadrupel reeller Zahlen, eindeutig spezifiziert werden. Demnach kann man der Physik als ihre ›Ontologie‹ nunmehr schlicht die Menge R der reellen Zahlen zuordnen. Und da praktisch alle mathematischen Objekte in wohlbekannten Weisen durch reine Mengen repräsentiert werden können, lassen sich zu guter Letzt die reellen Zahlen durch bestimmte komplex aufgebaute Mengen ersetzen. So erreichen wir Quines entspannten Neo-Pythagoreismus, dem zufolge man – wenn man es darauf anlegt – mit einer rein mathematischen, mengentheoretischen Allzweckontologie auskommt. Die Physik bleibt trotzdem wahr, denn ihre Prädikate treffen nun auf bestimmte komplex konstituierte Mengen zu. Auch die Lebenswelt bleibt real, denn natürlich gibt es Stöcke und Steine, solange wir nicht das Steckenpferd des Ontologie-Austausches reiten.[22]

An der Physik hält Quine sogar in besonders pointierter Form fest. Nicht alles Wahre und Mitteilungswerte, sagt er, kann in die Sprache der Physik übersetzt werden, aber

> nichts geschieht in der Welt, nicht das Zwinkern eines Augenlides, nicht das Aufblitzen eines Gedankens, ohne irgendeine Neuverteilung mikrophysikalischer Zustände. [...] [D]ie Physik kann sich mit weniger nicht zufriedengeben. Wenn der Physiker den Verdacht hätte, es gäbe irgendein Ereignis, das nicht in einer Umverteilung der elementaren Zustände bestünde, die seine physikalische Theorie zulässt, würde er nach Wegen suchen, seine Theorie zu ergänzen. Die vollständige Abdeckung in diesem Sinn ist das eigentliche Geschäft der Physik und nur der Physik.[23]

Mit anderen Worten, vieles ist prinzipiell unübersetzbar in physikalische Begrifflichkeit; aber alles Weltgeschehen *superveniert*, wie die Zunft das nennt, über dem, was auf der elementaren physikalischen Ebene geschieht. Das ist Quines milder, nichtreduktiver Physikalismus.

22 Vgl. zu diesen Thesen Quines Aufsatz »Things and Their Place in Theories«, in: Quine 1981, S. 1–23.
23 Ebd., S. 98 (meine Übersetzung, A.F.K.).

Supervenienz lässt sich am Beispiel eines Bildschirms erklären, also etwa einer binären Matrix leuchtfähiger Bildpunkte, die aktiviert oder deaktiviert, *an* oder *aus* sind. Ein Bild auf dem Schirm superveniert dann über den Aktivierungen der Bildpunkte; es kann sich nur ändern, wenn die Aktivierung der Punkte sich ändert. Dabei lässt sich weiter differenzieren zwischen globaler und lokaler Supervenienz. Was man in einer gegebenen Region des Bildschirms sieht, ob zum Beispiel einen kleinen oder einen großen Menschen, kann mit der abgebildeten Umgebung variieren, die den Maßstab bereitstellt (Häuser, Bäume, andere Menschen usw.), und superveniert in diesem Fall *global* über den Punkt-Aktivierungen des ganzen Bildschirms, nicht *lokal* über jenen in der betreffenden Region. Ferner leuchtet ein, dass Bildbeschreibungen oder Nacherzählungen von Videoaufzeichnungen, die auf dem Bildschirm laufen, sich nicht in informationstheoretische Aussagen über Bildpunktaktivierungen übersetzen lassen. Analog würde Quine erstens sagen, dass die mentalen Zustände einer Person nicht lokal über den mikrophysikalischen Zuständen ihres Gehirns oder ihres Köpers, sondern global über denen des ganzen raumzeitlichen Universums supervenieren (weil, was ein Mensch denkt, wesentlich davon abhängt, wie andere ihn übersetzen bzw. interpretieren), und zweitens, dass unser Reden über mentale Zustände selbst *im Prinzip* nicht in physikalische Sprache übersetzbar ist. Das ist der Antireduktionismus in Quines Physikalismus. Antireduktionist ist auch Sellars, da er das Reden über mentale Zustände als irreduzibel normatives, metasprachliches Reden analysiert, das aus *diesem* Grund nicht in deskriptiven Diskurs übersetzt werden kann. Aber vermutlich hätte er der Annahme lokaler Supervenienz des Denkens einer Person über ihren Gehirn- oder Körperzuständen wenig entgegenzusetzen.

§ 3. Der Mythos der Transparenz

Aus später in dieser Abhandlung zu begründenden Positionen wird folgen, dass es eine fundamentale physikalische Ebene nicht gibt und nicht geben kann. Das Reale entzieht sich in einer gewissen Bodenlosigkeit nicht nur für uns und unser fehlbares Erkennen, sondern an sich. Auch für einen allwissenden Gott gäbe es nichts zu sehen, wenn er eine fundamentale physikalische Ebene zu fokussieren versuchte. Daher kann Quines milder Physikalismus, seine These von der globalen Supervenienz aller Dinge über den elementaren physikalischen Zuständen, hier leichten Sinnes übernommen und mit Sellars' wissenschaftlichem Realismus kombiniert werden, wenn auch nur in einem grammatischen Irrealis, der einen logischen Impossibilis vertritt. Ja, Sellars hat recht, die Physik legt Züge des Realen offen, und zwar –Quine hat ebenfalls recht – mit einem für sie definitorischen, exklusiven Anspruch auf vollständige Abdeckung. Aber dieser Anspruch ist prinzipiell unerfüllbar, so dass wir in den Impossibilis gedrängt werden: Alles *würde* über den Zuständen auf der fundamentalen physikalischen Ebene supervenieren, wenn *per impossibile* eine solche Ebene *existierte*. Da sie aber nicht wirklich, sondern nur als transfiniter Fluchtpunkt der physikalischen Theoriebildung und als inkohärentes Grenzwert-Ideal existiert, ist die Physik in endloser Annäherung unterwegs zu einem Ziel, das sich prinzipiell entzieht. Eine definitive Theorie über alles, eine abschließende Weltformel kann es nicht geben. Jede mögliche physikalische Gesamttheorie würde früher oder später auf Anomalien stoßen, die eine Nachfolgertheorie nötig machen würden.

Dieser Vorgriff zeigt die Richtung der nachfolgenden Argumentation an. Spinnen wir den Gedankenfaden noch ein wenig fort. Sellars und Quine vertreten nichtreduktive Varianten des Naturalismus bzw. Physikalismus, Sellars, weil er von der irreduziblen Normativität des Epistemischen und Quine, weil er, radikaler noch, von der Anomalie des Mentalen überzeugt ist, die nur Faustregeln, keine strengen Naturgesetze für geistige Vorgänge zulässt.[24] Doch für die Beschreibung und Erklärung des Realen in seiner Gesamtheit ist und bleibt beiden zufolge die Physik zuständig.

Als universale Punktmatrix einer allfälligen physikalischen Supervenienzbasis bietet sich für Quine das Raum-Zeit-System als solches an. Freilich sind die Raum-Zeit-Punkte anders als bei einem binären Bildschirm nur imaginäre Grenzpunkte in einem Kontinuum, die durch Quadrupel reeller Koordinaten repräsentiert werden. Doch man versteht immerhin, was es hieße (im grammatischen Irrealis, der den logischen Impossibilis vertritt), dass auf ein gegebenes Raum-Zeit-Gebiet bzw. eine es repräsentierende Menge von Quadrupeln reeller Koordinaten bestimmte Grundprädikate der endgültigen physikalischen *Theorie über alles* zuträfen, wenn eine solche Theorie denn möglich wäre.

Sellars auf der anderen Seite ist im Unterschied zu Quine kein Realist mit Blick auf mathematische Entitäten wie Raum-Zeit-Punkte oder reelle Zahlen, sondern bindet seinen Realismus an die basale deskriptive Sprachebene elementarer Prädikationen, die, sofern wahr, korrekte logische Bilder von konkreten Objekten sind. Wenn wir diese Konzeption im Geiste seiner reinen Pragmatik idealisierend weiterdenken, gelangen wir zu der Vorstellung, dass in einer perfekten Sprache die basale Ebene der logischen

24 Einen Zustand als ein Wissen charakterisieren heißt nach Sellars nicht, ihn empirisch zu beschreiben, sondern ihn »im logischen Raum der Gründe, des Rechtfertigens und Rechtfertigen-Könnens dessen, was man sagt, zu lokalisieren« (Sellars 1963b, S. 169). Quine vertritt wie Donald Davidson einen anomalen Monismus (oder anomalen Physikalismus), vgl. Quine 1990, § 29, und Davidson 1980.

Bilder einen kompletten Weltkatalog, das heißt eine vollständige Liste aller wahren Elementarsätze enthielte.[25] Dazu müsste natürlich jedes Ding einen Namen haben und für jede Grundeigenschaft ein Prädikat vorhanden sein. Denkt man dann den Weltkatalog noch um eine vollständige Liste der Negationen der falschen Elementarsätze ergänzt, so erhält man das, was Carnap eine Zustandsbeschreibung der Welt nennt: eine Kombination aus einem positiven Weltkatalog (»das hat die Welt im Sortiment«) und einem ergänzenden Negativkatalog (»so Beschaffenes gibt es in ihr nicht«).[26] Derlei Vollständigkeitsphantasien sind Auswüchse eines machtvollen ontologischen Bildes, das Sellars und – weniger entschieden – Quine mit den Vertretern anderer, auch und besonders reduktiver Varianten des Naturalismus und im Übrigen mit den traditionellen Hauptströmen des Theismus teilen. Im nachfolgenden Teil I soll diesem Bild entgegengetreten werden. Hier noch ein paar Worte zu seiner historischen Einordnung und Diagnose.

Sellars hat den – epistemologischen – *Mythos des Gegebenen* kritisiert. So nennt er die unbegründete und unzutreffende Vormeinung, dass ein unmittelbares Wissen oder vermittlungsloses Erkennen des Gegebenen das epistemische Fundament bilde, auf dem das Gebäude unseres Wissens logisch aufruhe. Wenn Denken und Sein wesentlich zusammengehören, sei es in Identität, wie Parmenides, sei es in logischer Verschränkung, wie Heraklit lehrt, sollte freilich auch auf der Seite des Seins nichts Unmittelbares, nichts Nur-Gegebenes oder Nur-Vorhandenes zu finden sein, keine elementaren Bausteine der Realität, aus denen

25 Sellars spricht von einer Welterzählung, *world story*, vgl. Sellars 1979, S. 128–130. Von der Komplikation, dass Sellars zu guter Letzt die Objektontologie zugunsten einer Ontologie absoluter Prozesse preisgibt, wird hier der Einfachheit halber abgesehen. Vgl. dazu ders. 1981.

26 Englisch *state description*, vgl. Carnap 1947, S. 9.

sie modular aufgebaut wäre. Doch dem entsprechenden *ontologischen* Mythos des Gegebenen oder besser, um die epistemologischen Konnotationen von ›gegeben‹ zu umschiffen, des Vorhandenen hängt Sellars selber an, da er von basalen Gegenständen ausgeht, die in elementaren Prädikationen logisch abgebildet und im künftigen wissenschaftlichen Weltbild als Dinge an sich erkannt werden. Epistemisch und semantisch sind diese Prädikationen zwar durch die ganze Sprache vermittelt: Die Bedeutung eines Namens wird durch seinen Platz im Weltkatalog bestimmt und die Bedeutung eines Prädikates durch seine Rolle in inhaltlichen Schlussfolgerungen (in denen etwa von »x ist rot« auf »x ist farbig« und auf »x ist nicht grün« geschlossen wird), und jeder Satz kann grundsätzlich in Frage gestellt und muss gegebenenfalls begründet werden. So sind sprach- und denkseitig alle Begriffe und alle Überzeugungen vermittelt durch unsere Praxis des Gebens und Forderns von Gründen. Weltseitig aber ist nach Sellars mit einer basalen Ebene distinkter Objekte zu rechnen, die logisch indifferent gegeneinander und gegen unser Denken, also unmittelbar vorhanden sind. Es wäre indes rätselhaft, wie diese logisch spröden, unmittelbar vorhandenen Objekte jemals Gegenstände der Erkenntnis und der Wissenschaft werden sollten. Die unbegründete und unzutreffende Vormeinung, irgendwie müsse es möglich sein, ist der Mythos des Vorhandenen, der ontologische Zwilling des epistemologischen Mythos des Gegebenen. Beide sind freilich nur Spezies eines umfassenderen Ur-Mythos, desjenigen der Transparenz des Realen.

Man kann im westlichen Denken mit etwas Stilisierung eine dominante parmenideische und eine rezessive heraklitische Strömung ausmachen, wobei nicht leicht zu sagen ist, inwieweit man den Namenspatronen damit exegetisch gerecht wird. Eher orientieren sich beide Bezeichnungen an der jeweiligen Wirkungsgeschichte, die im

Falle des Parmenides durch Platon vermittelt und geprägt ist, zu dessen Denken die europäische philosophische Tradition nach einem Bonmot Whiteheads nur eine Reihe von Fußnoten bildet.[27] Rezessives Erbe andererseits taucht nicht in jeder Generation, sondern oft erst nach langen Unterbrechungen auf, das heraklitische im europäischen Denken vielleicht mit gebührender Emphase erst wieder beim späten Heidegger, der im Übrigen auch Parmenides in die rezessive Tradition zurückdeutet. Spezifische philosophiehistorische Thesen sollen hier indes nicht vertreten werden; nur auf Folgendes kommt es an: Die parmenideische Gleichung von Denken und Sein wird in der platonischen Ideenlehre doktrinal festgeschrieben als eine Engführung des wahrhaft Seienden – des Kosmos der Ideen – mit dem wahrhaft und restlos Erkennbaren. Das Seiende ist seiner Natur nach transparent fürs Denken und Erkennen. Dem raumzeitlichen Kosmos hingegen billigt Platon nur ein durch Negativität und Widerspruch zu bloßem Werden gemindertes ›Sein‹ und eine analog durch Sinnlichkeit und bloßes Meinen geminderte ›Erkennbarkeit‹ zu. Das Werdende in Raum und Zeit ist in seiner inkohärenten Natur nicht völlig transparent, auch nicht völlig opak, sondern trübe fürs Denken und Erkennen. Demgegenüber bindet der heraklitische Logos Sein und Denken zwar nicht weniger wesentlich, wohl aber weniger direkt aneinander, indem er »[d]as Widereinanderstehende zusammenstimmend und aus dem Unstimmigen die schönste Harmonie« macht.[28] Zum wahrhaft Seienden, der φύσις, gehört wesentlich die epistemische Zugänglichkeit, aber gerade indem das Seiende sich dem Denken darbietet,

27 Vgl. Whitehead ²1984, S. 91.

28 Diels/Kranz 22 B 8, in der Übersetzung von Snell 1995, S. 9; im Original: Τὸ ἀντίξουν συμφέρον … ἐκ τῶν διαφερόντων καλλίστην ἁρμονίην.

bleibt es auch in sich zurückgehalten und aufgespart: Φύσις κρύπτεσθαι φιλεῖ – dem wahrhaft Seienden ist es lieb, sich zu verbergen,[29] so lieb, dass es gar nicht anders kann, als im Aufgehen in die Erkennbarkeit zugleich in sich geborgen und damit für künftige Überraschungen gut zu bleiben. Darüber wird in späteren Paragraphen mehr zu sagen sein.

Augustin, heißt es, habe Platon getauft, was natürlich Platons Konversion zum Christentum zur Voraussetzung hatte, eine Art posthumer, wirkungsgeschichtlicher Konversion, versteht sich, in deren Folge man den platonischen Mythos der Transparenz des Seienden christlicherseits übernehmen und auf die geschaffene Welt ausdehnen konnte, um Gottes Weltallwissenheit begrifflich zu fixieren. Die Trübheit des Werdenden fürs Denken und Erkennen begreift der christliche Rationalismus über Platon hinausgehend nicht mehr als sachlichen Mangel der raumzeitlichen Dinge, sondern als epistemische Beschränktheit menschlichen Denkens. Für Gott, den Schöpfer des Himmels und der Erde, sind die geschaffenen Dinge so transparent, wie die Ideen es nach Platon fürs philosophische Denken waren.

In der Neuzeit, unter dem Siegeszug der mathematischen Naturwissenschaft, wurde die angenommene Transparenz des Realen allmählich säkularisiert, und an die Stelle Gottes trat mehr und mehr der *homo scientificus*, exemplarisch etwa im Lebenslauf Carnaps, dem seine religiösen Eltern gewiss eingeprägt hatten, dass Gott alles weiß und sieht und für jedes noch so unscheinbare Ding einen Namen hat. Der Sohn strich später Gott und behielt den Rest – das Rezept für Zustandsbeschreibungen war gefunden. Man nehme eine ideale Wissenschaftssprache, nennen wir sie S_1, in der für jedes Ding ein Name und für jede Grundeigen-

29 Diels/Kranz 22 B 123. Snell 1995, S. 37, übersetzt: »Das Wesen der Dinge versteckt sich gern.« Aber das lädt m.E. zu sehr zu deflationären Interpretationen ein.

schaft und Grundrelation ein Prädikat vorhanden ist, und bilde eine »Klasse von Sätzen in S_1, die für jeden atomaren Satz entweder diesen Satz oder seine Negation, aber nicht beide, und keine weiteren Sätze enthält«.[30] Das Resultat ist eine Zustandsbeschreibung in S_1, das heißt die vollständige Beschreibung einer möglichen Welt. Unter allen alternativen Zustandsbeschreibungen, die in S_1 formuliert werden können, wird genau eine wahr sein und die wirkliche Welt vollständig beschreiben. Natürlich reicht die Druckerschwärze einer Welt nicht für ihre Zustandsbeschreibung aus; doch David Lewis, Philosoph aus Princeton und in Problemlagen um Lösungsvorschläge nie verlegen, wusste Rat: Da wir so frei sind, Wörter nach Belieben festlegen zu können, dürfen wir die Dinge selbst zu ihren Eigennamen erklären und die Eigenschaften und Relationen zu ihren eigenen Prädikaten. So wird die Welt selber zu ihrer Zustandsbeschreibung, genauer zu deren affirmativem Teil, einem positiven Weltkatalog. Weil Gulliver, der weitgereiste, in der Akademie von Lagado Gelehrte antraf, die an einer Dingsprache bastelten, nennt Lewis die Sprache, in der die Welt sich selbst beschreibt, Lagadonisch.[31]

Die Welt wäre als lagadonische Selbstbeschreibung ein Inbegriff der Transparenz und bloßen Vorhandenheit ihrer Bestandteile. Die nachfolgende Argumentation gegen den Mythos, dass sie dies sein könne, wird sich im Ergebnis mit dem späten Heidegger treffen, doch ohne seinen Alarmismus zu teilen. In Heideggers düsterer Prophetie sind die Dinge der Welt schon zu bloßem *Bestand* regrediert, was in der Tat ein passendes Wort für die Gegenstände eines lagadonischen Weltkatalogs sein mag: Relativ zur Phantasie

30 Carnap 1947, S. 9 (meine Übersetzung, A.F.K.). Carnap weist auf Wittgenstein als Ideengeber hin, in dessen *Logisch-Philosophischer Abhandlung* es unter Ziffer 1.1 bekanntlich heißt, die Welt sei die Gesamtheit der Tatsachen.

31 Vgl. Lewis 1986, S. 145 f.

eines Weltkatalogs wären sie das. Aber Heidegger spricht nicht im Irrealis oder Impossibilis. Ihm *sind* die Dinge keine Dinge mehr, weil sie die vier Weltgegenden – Himmel und Erde, Göttliche und Sterbliche – nicht mehr ins Geviert versammeln, ja, sind nicht einmal mehr Gegenstände, die immerhin noch wesentlich auf vorstellende Subjektivität bezogen wären, sondern unter der Herrschaft des schicksalhaften »Ge-Stells« der Technik tatsächlich nur noch bestellbarer Bestand.[32] Der Abweg, auf den Heidegger das Seinsdenken zwischen Parmenides und Platon, spätestens bei Letzterem, geraten sieht, scheint ihm jetzt in seine vermutlich lange währende Vollendungsphase eingetreten zu sein, in der wir uns selber mehr und mehr zu bloßem Bestand werden. Wir müssen uns der Drastik dieser Diagnose nicht ergeben, sondern dürfen, was Heideggers Naturell fernlag, getrost auch ein wenig schmunzeln über die wilden Werbephantasien für künstliche Intelligenz und Verwandtes, mit denen Blender, Leichtgläubige und Vermarkter uns heute traktieren wie vor ihnen andere ihresgleichen mit anderen Markt- und Kontrollphantasien. Auch unter der Vorherrschaft des Mythos der Transparenz wird aber schließlich nichts so heiß gegessen, wie es gekocht wird.

§ 4. Über Kritik und Apologie des Theismus

Vor einigen Jahren hat Alvin Plantinga seine voluminöse Apologie *Warranted Christian Belief* unter dem Titel *Knowledge and Christian Belief* bündig zusammengefasst und im Vorwort dieser kleinen Schrift die »sogenannten Neuen Atheisten« – ihre Namen hüllen wir in freundliches Schweigen – sehr zu ihrem Nachteil von »den alten Athe-

32 Vgl. Heidegger 1950/2000.

isten (wie Bertrand Russell, C.D. Broad und J.L. Mackie)« unterschieden: als philosophisch inferiore, dafür umso lautere, gehalt- und stilärmere Denunzianten des christlichen Glaubens.[33] Quine und Sellars kämen auf der Seite der alten, vornehmeren Atheisten zu stehen, wenn Plantinga sie rubrizieren wollte. Dass er sie nicht nennt, die doch an Stil und an Gehalt schwer zu übertreffen sind, muss daran liegen, dass sie mit ihrem Atheismus nicht hausieren gehen. In ihren respektiven Naturalismen finden sie schlicht keinen Platz und keine explanative Rolle für Gott; auch Beweise a priori oder empirische Belege für seine Existenz kennen und anerkennen sie nicht. Das ist schon alles, was ihrerseits zum Thema zu sagen wäre.

Kein Beweis, kein Beleg, keine explanative Rolle: »Was bedürfen wir weiteres Zeugnis?«, könnten manche mit dem Hohenpriester Kaiphas da fragen (Mt 26, 65). Aber es würde sich Widerspruch regen. Denn noch immer werden ungeachtet aller philosophischen Kritik alte und neue Varianten klassischer Gottesbeweise ins Feld geführt, im je persönlichen Bereich auch Erfahrungen mit behaupteter Belegkraft, und seit einigen Jahrzehnten gibt es teleologische Argumente aus der Feinabstimmung der Naturkonstanten für die Existenz einer machtvollen, schöpferischen Intelligenz, die freilich kein allmächtiger, allwissender und allgütiger Gott zu sein bräuchte, sondern ebenso gut zum Beispiel eine Schar mächtiger, vielwissender, moralisch zweifelhafter Dämonen sein könnte, wofür im Übrigen der faktische Zustand der irdischen Natur und Kultur viel eher spräche als für die Existenz Gottes. Es dürfte daher nicht ohne Interesse sein, wenn sich der Theismus als nicht nur unbeweisbar, unbelegt und explanativ funktionslos, sondern auch als widerspruchsvoll erweisen ließe. Wenn die

33 Plantinga 2000. Das schmale Buch *Knowledge and Christian Belief* erschien 2015; die zitierten Wendungen finden sich dort auf S. vii f.

Annahme eines unendlichen persönlichen Gottes inkonsistent wäre, wäre Gott unmöglich, und wir hätten einen negativen Existenzbeweis a priori. Plantinga erwähnt diesbezüglich »einige Anhänger Wittgensteins«, die behaupten, »dass es nicht möglich ist, eine Person ohne Körper zu sein«.[34] Wenn sie ihre Behauptung beweisen könnten, wäre Gott, falls es ihn gäbe, zumindest keine immaterielle, körperlose Person. Aber auch hier bleibt die Beweislage unklar. Denn angenommen, wir könnten uns den Begriff einer immateriellen Person nicht verständlich machen, wäre sie deswegen unmöglich? Und selbst wenn, ließe sich denn ausschließen, dass Gott einen unendlichen Körper hat bzw. ein unendliches leibliches Wesen ist? Könnte es Leib und Leben nicht in anderen als den uns bekannten »physikalischen Realisierungen« geben?

Der hermeneutische Realismus, der im Folgenden entwickelt wird, begünstigt den Atheismus auf anderem Wege. Es ist nicht einfach so, dass wir uns eine unendliche, göttliche Person, die Himmel und Erde schafft, nicht verständlich machen können, sondern es gehört zum Begriff einer solchen Person, dass sie die geschaffenen Dinge entwerfen, verwirklichen und restlos erkennen kann, und eben hier liegt das Problem. Denn wenn sie zu all dem in der Lage ist, muss es so scheinen, als lasse sie sich nur unter der Voraussetzung des Mythos der Transparenz denken und verfalle damit dessen Kritik. Nicht nur Heidegger übrigens, auch der späte Wittgenstein hat den Mythos, obschon eher implizit, kritisiert, und sein Philosophieren dürfte den Hintergrund abgeben, vor dem diejenigen seiner Anhänger, an die Plantinga denkt, auf der gewöhnlichen, endlichen Körperlichkeit von Personen bestehen. Aber man findet in der allgemeinen Fachliteratur keinen bündigen, elementaren Beweis, durch den entweder der Mythos der Trans-

34 Plantinga 2015, S. 7 f.

parenz als solcher oder spezifischer die Vorstellung eines unendlichen Schöpfers endlicher Dinge als widerspruchsvoll erwiesen würde. Dieses Desiderat, wenn es denn nicht vielmehr das Gegenteil eines solchen ist, soll in der Folge erfüllt werden.

Allerdings muss die Vollmundigkeit ein wenig zurückgenommen werden. Erstens kann, wie angedeutet, von einem Desiderat – Objekt des Verlangens – hier keine Rede sein, eher von einer Heimsuchung, einem moralischen Albtraum, weil Unglück und Unrecht in einer Welt ohne Gott letzte Realitäten, unaufhebbar wirklich wären. Zweitens aber muss die Reichweite des intendierten Beweises genau bestimmt werden; denn unter Umständen, die nicht leicht zu benennen und zu beschreiben sein werden, könnte eine Nichtstandardkonzeption einer unendlichen Schöpferperson endlicher Dinge die Widerlegung des Mythos der Transparenz vielleicht überstehen. Dies wird im zweiten Teil der vorliegenden Abhandlung geprüft und vorsichtig, im Modus bloßer Prima-facie-Möglichkeit, bejaht werden: Ja, ein Nichtstandardtheismus lässt sich immerhin ohne erkennbaren Widerspruch umreißen.

Sollte man ihn deswegen schon bejahen? Was liegt überhaupt an ihm? Auch das wird im zweiten Teil verhandelt werden. Die theoretischen Hindernisse, die einem Argumentationsversuch zugunsten der Konsistenz des Theismus im Wege stehen, sind so enorm, dass man sich ohne zwingendes Motiv kaum auf ihn einlassen würde. Jenes Motiv nun liegt in der ethischen, nicht in einer vermeintlich explanativen Funktion des Theismus. Dass etwa explanative Argumente aus der Feinabstimmung der Naturkonstanten zugunsten intelligenter Gestaltung schon im Ansatz scheitern, wird vielmehr im hermeneutischen Realismus des ersten Teils effektiv gezeigt. Die ethische Funktion des Theismus lässt sich dagegen an Fragen nach Glück und Gerechtigkeit, zunächst für die Unglücklichen und Entrechteten, aufweisen und dann generalisieren. Gäbe es nur gut situierte und von Katastrophen verschonte Menschen, so dürfte man denjenigen unter ihnen, immer noch einer Minderheit vermutlich, die versichern, sie bräuchten subjektiv für ihr Glück keine Auferstehung der Toten und kein ewiges Leben, vielleicht glauben. Eine Schönwetterreligion mag in der Tat wie eine unnütze Girlande menschlichen Daseins erscheinen. Aber der Fall der Schlechtgestellten – der Ausgestoßenen, Gefolterten, vor dem Erreichen der Lebenssattheit Getöteten, in Todeslagern Ermordeten – wirft ein anderes Licht auf die Lebenslage auch der *beati possidentes* und *happy few* und nährt den Verdacht, dass Gleichgültigkeit gegen die Religion auch in deren gesegneten Reihen nur *mauvaise foi*, heimliche Unaufrichtigkeit, ist.

Das also ist der Plan für die beiden Teile der Abhandlung. Im ersten wird ein hermeneutischer Realismus aufgebaut und werden Thesen bewiesen, die keinen Raum für den Theismus zu lassen scheinen. Im zweiten Teil wird gezeigt, dass um des Glückes und der Gerechtigkeit aller willen nicht nur Religion überhaupt, sondern eine theistische Religion nottut, und wird sodann die theoretische Anstrengung unternommen zu zeigen, dass gegen allen Anschein ein prima facie widerspruchsfreier Nichtstandardtheismus konzipiert werden kann, und zwar ein solcher, der gerade die christliche Variation des Theismus privilegiert. Ein Gottesbeweis ist das nicht, nur eine Entkräftung der vorausgegangenen Argumentation für die Nichtexistenz Gottes. Das muss genügen als Apologie und ist viel mehr, als anfangs zu erwarten war.

Teil I
Der hermeneutische Realismus als hermeneutischer Atheismus

§ 5. *Die Subjektivitätsthese*

Beweise in der Philosophie werden anders als in der Mathematik und der formalen Logik nie von allen Seiten anerkannt und bleiben daher stets Beweis-*Ansprüche*. Das kann kein Zufall sein und ist kein Zufall, sondern in der Natur der philosophischen Allgemeingültigkeit begründet, darf uns jedoch nicht abhalten, im Philosophieren weiterhin Beweise anzustreben. Der nun folgende für die so genannte *Subjektivitätsthese* kommt einem rein logischen Beweis recht nahe, weil er a priori aus der Natur des Denkens geführt wird. Aber selbst ihn werden nicht alle anerkennen. Im Gegenteil, viele werden die Subjektivitätsthese für hoffnungslos verstiegen halten. Die These besteht aus zwei Teilaussagen, (ST-1) und (ST-2), die in entgegengesetzte Richtungen deuten, zum einen vom Denken zur Leiblichkeit und zum anderen vom Raum-Zeit-System zum Denken. Sie besagt in erster Näherung Folgendes:

(ST-1) Denken ist (a) notwendig leiblich und weiß sich (b) a priori als Aktivität je eines leiblichen Subjektes.
(ST-2) Jedes mögliche Raum-Zeit-System enthält denkende, also nach (ST-1) leibliche, Subjekte.

Die erste Teilaussage, (ST-1), ist die These der Leiblichkeit des Denkens, die Plantinga als Quelle des Atheismus bei einigen Wittgenstein-Anhängern ausgemacht hatte (§ 4). Sie hat ihrerseits zwei Seiten, eine ontologische: Denken *ist* leiblich, und eine epistemologische: Denken *weiß sich a priori* als leiblich. Bloß zu sagen, Denken sei *körperlich* (raumzeitlich), wäre zu wenig, weil auch Unbelebtes körperlich ist und weil insofern der materialistische Rolle-Realisierungs-Dualismus nicht ausgeschlossen würde, der Denken als physikalische Realisierung kausaler oder funktionaler Rollen betrachtet und dem Phantasiegespinst denkender Maschinen Vorschub leistet. Ein Leib realisiert keine abstrakten Denk-Rollen, sondern lebt; lebt und denkt in einem. In leiblichen Subjekten sind die Ordnung der Dinge und die Ordnung des Erkennens, die ontische und die epistemische Ordnung, miteinander verwachsen, und für Letztere lässt sich die Leiblichkeitsthese ausarbeiten zu einer philosophisch ergiebigen Theorie der apriorischen Voraussetzungen der epistemischen Individuation und der Bezugnahme auf Einzeldinge. Dies alles gibt schon zu erkennen, dass die Leiblichkeitsthese sowohl dem Naturalismus als auch (zumindest prima facie) dem Theismus widerspricht.

Die zweite Teilaussage, (ST-2), ist eine modale These, mittels deren das Faktum leiblicher Subjektivität für notwendig erklärt wird, relativ zur Existenz eines Raum-Zeit-Systems. Behauptet wird also eine logische Korrelationalität von Subjektivität und Raum und Zeit. Auch darin liegt ein Doppelsinn, der sich durch zwei Akzentuierungen einer Korrelationalitätsthese, eine epistemologische, (KT-e), und eine ontologische, (KT-o), explizieren lässt:

(KT-e) Perspektivismus: Es kann keine vollständige, perspektivenneutrale Erkenntnis der Dinge – sozusagen in einem Blick von nirgendwo – geben.

(KT-o) Fragmentalismus: Es gehört zum Sein der Dinge selbst, dass sie nur perspektivisch aus ihrer Mitte heraus erkannt werden können und ihre Erkenntnis sich nicht zu einem kohärenten und vollständigen Bild zusammenfügen lässt.

Den Ausdruck »Fragmentalismus« borge ich von Thomas Hofweber,[1] der kritisch angemerkt hat, dass die Subjektivitätsthese einen Fragmentalismus folgenden Tenors impliziert:

> Es gibt nicht nur keinen Gottesaugen-Blickpunkt auf die gesamte Realität, sondern es gibt kein kohärentes Ganzes der Realität. Der Fragmentalismus geht darin über den Perspektivismus hinaus, dass er den Gottesaugen-Blickpunkt nicht nur deshalb ablehnt, weil jede Beschreibung der Realität von außen unvollständig, sondern weil jede Beschreibung der gesamten Realität inkohärent und widersprüchlich sein muss. Der Fragmentalismus behauptet, dass es kein kohärentes Ganzes der Realität gibt, das von irgendeinem Blickpunkt aus beschrieben werden könnte.[2]

Diesen Schuh müssen wir uns anziehen; so ist es eben, und so folgt es aus der Subjektivitätsthese. Das Reale ist notwendigerweise von der Art, dass es zwar je perspektivisch erkannt wird, sich aber nicht in seiner Gesamtheit widerspruchsfrei beschreiben lässt und die Perspektiven auf es sich nicht restlos aufeinander abbilden lassen. Der Fragmentalismus stellt so gesehen eine (vorläufige) präzisierende Übersetzung des heraklitischen φύσις κρύπτεσθαι φιλεῖ (§ 3) in gegenwärtige Metaphysik dar.

Dies also ist die Subjektivitätsthese: erstens eine ontologische und epistemologische Leiblichkeitsthese sowie

1 Bis auf Weiteres: für den Rest von Teil I. In Teil II suche ich einen weniger destruktiv konnotieren Ersatz.

2 »Not only is there no God's eye point of view on all of reality, there is no coherent whole of reality. Fragmentalism goes beyond perspectivalism in that it rejects the God's eye point of view not simply because any description of reality from the outside must be incomplete, but because any description of all reality must be incoherent and contradictory. Fragmentalism maintains that there is no coherent whole of reality that could be described from any point of view.« (Hofweber 2015, S. 488)

zweitens ein ontologischer Fragmentalismus und epistemologischer Perspektivismus, deren gemeinsames Dach die Behauptung bildet, dass im Raum-Zeit-System mit begrifflicher, im weiten Sinn logischer Notwendigkeit irgendwo und irgendwann leibliche, also lebendige, körperliche Subjektivität vorkommt, de facto zum Beispiel hier und jetzt. Nun zur terminologischen Vorbereitung des Beweises.

Die Dinge haben allgemeine Züge, die sie mit anderen Dingen teilen und kraft deren sie Arten und Gattungen bilden. Allgemeine Züge verbinden und gruppieren sie. Was aber individuiert sie, und zwar nicht nur für uns, epistemisch, so dass wir im Wahrnehmen und Denken eindeutig auf sie Bezug nehmen können, sondern an ihnen selbst, ontisch? Als ein Bündel von allgemeinen Zügen, die sich in ihm überschneiden, müsste ein Ding ja nicht einmalig sein, sondern könnte beliebig viele qualitativ identische, aber numerisch verschiedene Duplikate haben, und dies auch dann, wenn wir nicht nur intrinsische Eigenschaften wie die, rot zu sein oder rund zu sein, sondern auch relationale Charakteristika in Betracht ziehen wie die, auf einem Tisch zu liegen oder sich nach einem Anstoß zu bewegen. Wenn es sich so verhält und zwei Duplikate auch alle relationalen Charakteristika teilen, wollen wir sie ›Ununterscheidbare‹ nennen.[3] Dass Allgemeines nicht individuiert, folgt notabene schlicht daraus, dass es seinem Begriff nach verbindet und zusammenfasst, nicht vereinzelt. Natürlich schließt Allgemeines auch aus: anderes Allgemeines, das Rote beispielsweise das Grüne und überhaupt alles Nichtrote, aber das sich wechselseitig Ausschließende ist Besonderes (besonderes Allgemeines), nicht Einzelnes, denn es bleibt als unbestimmt Vieles zusammengefasst. Die Einzelheit der Dinge, ihre ontische Individuation, muss daher

3 Darin folgen wir terminologisch Lewis 1986, S. 62 f.

anders gestiftet und anders logisch garantiert sein als durch allgemeine Züge, seien sie Eigenschaften oder relationale Charakteristika.

In diesen Zeilen wurden einige Begriffe kontextuell definiert: (1) *Individuation*, die man als *ontische* und als *epistemische* weiter differenzieren muss, (2) *allgemeine Züge*, die entweder *Eigenschaften* oder *relationale Charakteristika* sein können, (3) das *Allgemeine*, das immer auch ein *Besonderes* ist, im Kontrast zum *Einzelnen*, (4) *qualitative* und *numerische Identität* im Zusammenhang mit (5) *Duplikaten*, die im Extremfall, unter Berücksichtigung aller relationalen Charakteristika, sogar *Ununterscheidbare* sein könnten (falls auch ihre gesamten Umgebungen qualitativ identisch, also ihrerseits Duplikate sind). Außerdem wurde die rein begriffliche These formuliert, dass allgemeine Züge für die ontische und Allgemeinvorstellungen oder Begriffe für die epistemische Individuation nicht hinreichend sind.

Denken ist ein Geflecht von Wahrheitsoperationen und in seiner Grundoperation einfaches Prädizieren. In einer Prädikation greifen wir aus der Flut der Einzeldinge in Gedanken eines heraus – individuieren es epistemisch – und prädizieren, indem wir einen Begriff auf es anwenden, etwas Allgemeines von ihm, etwa von Theaitetos das Sitzen: »Theaitetos sitzt«, oder das Fliegen: »Theaitetos fliegt« (Platons Beispielsätze, *Sophistes*, 263a). Der allgemeine Begriff an der Prädikatstelle des Satzes ist dabei das logische, denkseitige Pendant eines ontischen, weltseitigen allgemeinen Zuges, und die epistemische Individuation an der Subjektstelle des Satzes setzt erstens weltseitig die ontische Individuation des betreffenden Gegenstands voraus und zweitens denkseitig die Kenntnis einer Tatsache, kraft deren die urteilende Person diesen Gegenstand von allen anderen Dingen unterscheiden kann. Dann aber, so scheint es, muss eine Person jeweils schon etwas von einem Ding prädiziert haben, um etwas von ihm prädizieren zu können,[4] was natürlich auf einen fehlerhaften Zirkel oder unendlichen Regress in der epistemischen Individuation hinausliefe. Hier versteht man, nebenbei bemerkt, dass der Terminus ›Subjekt‹, griechisch ὑποκείμενον, wörtlich *Zugrundeliegendes*, der zunächst nur das Satzsubjekt, den Gegenstand der Rede, bezeichnete, im 18. Jahrhundert bei Alexander Gottlieb Baumgarten (1714–62) die Bedeutung *denkendes Wesen* annehmen konnte. Denn wenigstens sich selbst kann ein denkendes Wesen ohne weitere empirische Voraussetzungen und ohne Regressgefahr zum logischen Subjekt von Prädikationen wie »ich sitze« oder »ich fliege« machen. Das denkende Wesen, so scheint es, ist sich selbst das letzte logische Subjekt, das den Regress der Voraussetzungen der epistemischen Individuation zum Halten bringt. (Aber das war ein Vorgriff.) – Weil Denken, um bei ihm zu bleiben, für die epistemische Individuation so wenig zureicht wie allgemeine Züge für die ontische, weist es über sich hinaus auf eine ergänzende Komplementärsphäre möglicher Individuation und Mannigfaltigkeit, die auch nicht lange gesucht oder gar erfunden werden muss, sondern sich phänomenal aufzeigen lässt in Gestalt von Raum und Zeit. Wirkliche Einzelne haben, wie wir bereits sahen, allgemeine Züge, die als solche nicht von Raum und Zeit, den Prinzipien möglicher Individuation und Mannigfaltigkeit, mitgeliefert werden. Für sich sind Raum und Zeit vielmehr homogene Kontinua, in denen diskrete Einzelne zwar auftreten *können*, aber nur dann wirklich auftreten, wenn sie außerdem allgemeine Züge besitzen. So sind auf der einen Seite allgemeine Züge (ontisch) und allgemeines Denken (epistemisch) und auf der anderen Seite Raum und Zeit bzw. ihre anschauliche Präsenz jeweils notwendige, aber zusammen keine hinreichenden Bedingungen der

4 Vgl. in diesem Sinn Strawsons Theorie der Voraussetzungen der Bezugnahme, Strawson 1959, Kapitel 6.1.

ontischen bzw. epistemischen Individuation. Ihr jeweiliges Soll addiert sich nicht zu einem Haben. Vielmehr müsste im Raum-Zeit-Kontinuum ontisch und epistemisch mindestens eine Stelle oder Region individuiert sein unabhängig davon, dass an ihr bestimmte begrifflich fassbare allgemeine Züge individuiert sind. Gesucht ist also eine ontisch ursprüngliche und epistemisch apriorische Individuation in Raum und Zeit.

In der Philosophie sollte man nicht aus möglichen Welten argumentieren, obwohl es oft geschieht; denn eine vermeintlich mögliche Welt kann sich bei näherem Zusehen leicht als in ihrer Konzeption widerspruchsvoll und insofern als unmöglich erweisen. Überdies gibt es kein effektives Verfahren, um Widersprüche in der Konzeption einer Welt sicher zu entdecken, so dass wir über die Menge der möglichen Welten letztlich nur wissen, dass jedenfalls die wirkliche Welt dazugehört. Reden wir daher lieber von vorgestellten als von möglichen Welten. Wenn man nun zwar, wie gesagt, aus vorgestellten Welten nicht argumentieren darf, so kann man doch einen anderweitig erreichten Argumentationsstand mittels ihrer anschaulich illustrieren, und dies soll nun geschehen. Wir betrachten dazu Welten, die geeignete räumliche oder zeitliche Symmetrien oder Endloswiederholungen aufweisen.

Peter Strawson beispielsweise stellt sich ein räumlich symmetrisches, zweidimensionales Universum bestehend aus 32 weißen und 32 schwarzen kongruenten quadratischen Feldern in Schachbrettanordnung vor, in dem somit alle weißen Quadrate Duplikate voneinander sind und alle schwarzen ebenfalls.[5] Manche Duplikate sind zudem Ununterscheidbare, zum Beispiel die beiden schwarzen Eckfelder, ebenso natürlich die beiden weißen Eckfelder; denn keine Eigenschaft und kein relationales Charakteristikum

5 Vgl. ebd., S. 123.

unterscheidet sie. Richtungsdifferenzen können mit den Ressourcen des Schachbrettuniversums nicht definiert werden: Die ›linke‹ Seite des Universums ist ›definiert‹ als die Gegenseite der rechten und die ›rechte‹ Seite als die Gegenseite der linken; ebenso für oben und unten. – Auch Max Black betrachtet eine räumlich symmetrische und statische, aber dreidimensionale Welt, die nur aus zwei qualitativ identischen Eisenkugeln besteht.[6] Ob diese den Raum gemäß der allgemeinen Relativitätstheorie krümmen oder gemäß der vorrelativistischen Physik nicht, spielt keine Rolle, denn die Krümmungen wären ebenso symmetrisch im Raum verortet wie die Kugeln selbst. Auch hier lassen sich mit den Ressourcen des Universums keine Richtungen definieren und im Übrigen keine Eigennamen verteilen, denn um den Kugeln Namen zu geben, müssten sie schon vor dem intendierten Taufakt epistemisch individuiert sein. – David Lewis hält zeitliche Endloswelten mit ewiger Zweibahnwiederkehr des Gleichen für möglich, in denen seit unendlichen Zeiten und in unendliche Zeiten qualitativ identische Epochen aufeinander folgen.[7] Keine dieser Epochen ist also die erste, keine die zweite, dritte usf., sondern jede hat unendlich viele Duplikate als Vorgänger und unendlich viele Duplikate als Nachfolger, die daher alle von ihr und voneinander ununterscheidbar sind. Dass die wirkliche Welt ein Schachbrettuniversum oder eine Zweikugelwelt ist, können wir uns nicht konsistent vorstellen, weil in solchen Welten kein Platz für uns wäre, dass sie aber eine Welt mit Zweibahnwiederkehr des Gleichen wäre, ohne Weiteres, obwohl wir es nicht glauben. – Wir können uns auch vorstellen (obwohl wir es nicht glauben), dass unser Universum einen zeitlichen Symmetriepunkt besitzt, bis zu dem es sich ausdehnt und jenseits dessen es

6 Vgl. Black 1952.
7 Vgl. Lewis 1986, S. 63.

sich in exakter Symmetrie zusammenziehen wird bis zu einem Endkollaps, der ein zeitliches Spiegelbild des Urknalls ist. Wir alle hätten dann in der fernen Zukunft rückwärts lebende ununterscheidbare Doppelgänger, aus deren Perspektive allerdings wir die rückwärts lebenden Zukünftigen wären, weil der Zeitpfeil sich am Symmetriepunkt umkehren würde und ein objektives Früher oder Später sich gar nicht definieren ließe. – Mit ein wenig Phantasie kann man sich ferner Universen vorstellen, die auf Grund endloser räumlicher Wiederholungen Ununterscheidbare enthalten.[8] Doch wir wollen das Mittel der Illustration nicht zum Selbstzweck erheben.

Illustriert wird mit solchen Vorstellungswelten eine bis zum Anschein einer Antinomie gesteigerte logische Spannung zwischen den Anforderungen einerseits der Allgemeinheit und andererseits der Einzelheit. Allgemeines individuiert nicht. Einzelnes ist individuiert. Einzelnes ist so individuiert, dass zwei numerisch verschiedene Einzelne sich in etwas unterscheiden müssen, was auf das eine von ihnen zutrifft und auf das andere nicht. Das besagt das logische Prinzip der Identität des Ununterscheidbaren, das ein Theorem der Prädikatenlogik zweiter Stufe ist.[9] Wel-

8 Dies wäre zum Beispiel so, meint Lewis, »wenn das Universum aus einem perfekten, in alle Richtungen unendlichen Kristallgitter bestünde« (ebd., S. 157). Man könnte natürlich auch Strawsons Schachbrettuniversum oder Blacks Kugelwelt in diesem Sinn ins Unendliche fortspinnen.

9 Leibniz hat ein starkes metaphysisches Prinzip daraus gemacht, dem zufolge x und y schon dann identisch wären, wenn sie alle *intrinsischen* Eigenschaften teilten. Es gäbe dann keine begriffliche Differenz zwischen qualitativer und numerischer Identität. Das schwache logische Prinzip berücksichtigt demgegenüber beliebige, auch relationale und indexikalische Bestimmungen. In prädikatenlogischer Kunstsprache lässt es sich wie folgt formulieren: $(\forall f)(fx \rightarrow fy) \rightarrow x = y$. In Worten: Wenn für jede prädikative Bestimmung f gilt: falls x f ist, so ist auch y f, dann sind x und y dasselbe.

ten mit Ununterscheidbaren illustrieren den Anschein von Gegenbeispielen zu diesem logischen Prinzip. Die Logik also erfordert es, diesen Anschein aufzulösen.

Die Auflösung ist so einfach wie alternativlos. Wir müssen nur schauen, wie wir die Dinge epistemisch individuieren und wie wir es in einer Welt mit Ununterscheidbaren tun würden. Wir tun es de facto jeweils von uns hier und jetzt aus in indexikalischem Denken, in dessen sprachlichem Ausdruck so genannte Indikatoren, etwa Demonstrativa (*dies*), Orts- und Zeitadverbien (*hier*, *jetzt*), Personalpronomina (*ich*) oder das indexikalische Ausdrucksmittel des Tempus verbi vorkommen. Solches indexikalische Denken ist rückbezüglich auf ein wahrnehmendes und denkendes leibliches Subjekt, das sich selbst als raumzeitlichen Bezugsrahmen zur Verankerung eines informellen, indexikalischen Koordinatensystems für beliebige Bezugnahmen auf Einzeldinge in Raum und Zeit gebraucht. *Hier* und *jetzt* etwa bezeichnen jeweils den Koordinatenursprung im eigenen, bewussten Leib oder je nach Äußerungskontext dessen engere oder weitere räumliche bzw. zeitliche Umgebung. Wenn wir nun in einer Welt mit ewiger Zweibahnwiederkehr des Gleichen lebten, könnten wir die Epochen und ihre Bewohner zwar nicht ›objektiv‹ individuieren, weil keine Epoche die erste oder die letzte wäre, wohl aber indexikalisch. Beispielsweise könnten wir unsere Epoche die nullte nennen und dann in die Zukunft mit positiven und in die Vergangenheit mit negativen Zahlen weiterzählen. Meine Doppelgänger Nr. 7 und Nr. -2 wären dann meine Duplikate in der siebtnächsten bzw. in der vorvorigen Epoche. Auf der Basis ihrer allgemeinen Züge sind sie und ich Ununterscheidbare. Aber ich kann diese Ununterscheidbaren dennoch epistemisch unterscheiden und individuieren relativ zu *mir hier und jetzt*, also in indexikalischer Bezugnahme, die in einer ursprünglichen, vorindexikalischen und vorallgemeinbegrifflichen epistemischen Selbstindividuation a priori gründet, in der ich mich als leiblichen Bezugsrahmen weiß, der mein egozentrisches indexikalisches Koordinatensystem verankert.

So also lässt sich die Spannung zwischen Allgemeinheit und Einzelheit aushalten, der Anschein einer Antinomie der Individuation auflösen und die Logik, konkret das Prinzip der Identität des Ununterscheidbaren, retten. Das bewusste Denken erkennt sich selbst a priori als einen leiblichen Koordinatenursprung und sorgt so dafür, dass auf ›objektiv‹ Ununterscheidbare dennoch Verschiedenes zutrifft, auf mich etwa, dass ich jetzt lebe, auf meinem Doppelgänger Nr. 7, dass er nach sieben Weltzeitaltern leben wird, auf meinen Doppelgänger Nr. -2, dass er vor zwei Weltzeitaltern lebte (usf.). Ein Denken aber, das nicht etwa nur körperlich realisiert, sondern als Denken leiblich ist, ist ein Konvergenzpunkt der ontischen und der epistemischen Ordnung. Seine epistemische Selbstindividuation a priori ist daher zugleich seine ursprüngliche ontische (Selbst-)Individuation. Relativ zu ihm ist dann auch anderes Einzelnes epistemisch individuierbar und ontisch individuiert, und da die Individuation eines Dinges kein Zufall sein kann, sondern dem Ding wesentlich ist, muss sie in allen möglichen Welten logisch garantiert sein. Dann aber muss in allen möglichen Welten leibliches Denken vorkommen, das heißt mehr oder weniger unsereins. Quod erat demonstrandum.

§ 6. Folgerungen und Erläuterungen

Varianten des Beweises der Subjektivitätsthese sind so oft vorgetragen und gegen Einwände verteidigt worden,[10] dass ich hier sogleich zu einigen Folgerungen und Erläuterun-

10 Im Druck zuletzt in Koch 2016, Kapitel 3.

gen übergehen kann. Was die Dinge ontisch individuiert, sind indexikalische Bestimmungen, wie etwa die Bestimmung der Stadt Frankfurt am Main, *90 Kilometer nördlich von hier zu liegen*, oder die Bestimmung des Heidelberger Schlosses, *vor 327 Jahren zerstört worden zu sein*, die sie relativ zu einem leiblichen Subjekt bestimmen, das sich indexikalisch auf sie oder ihre jeweilige Raumzeitregion beziehen kann. Indexikalische Bestimmungen sind relationale Charakteristika, die sich nicht mittels allgemeiner Begriffe allein erfassen und nicht auf Begriffe reduzieren lassen; ihre indexikalische Komponente ist unhintergehbar. Dennoch gehören sie den Dingen als deren Bestimmungen und nicht bloß unserem Denken an. Ein Dinosaurier, er selbst, hat beispielsweise die indexikalische Bestimmung, vor 100 Millionen Jahren hier in der Nähe gelebt zu haben, und der Urknall, er selbst, die indexikalische Bestimmung, sich vor ca. 13,8 Milliarden Jahren ereignet zu haben. Damals, im einen wie im anderen Fall, gab es keine leiblichen Subjekte, aber es war damals schon logisch notwendig, dass es, da es das Raum-Zeit-System gab, irgendwann auch sie geben würde, sonst hätte der Urknall nicht das individuelle Ereignis und der Saurier nicht das individuelle Lebewesen sein können, das sie jeweils waren. So wird nun im Übrigen klar, dass Strawsons Schachbrettuniversum und Blacks Zweikugelwelt nicht zu den möglichen Welten gehören, da sie für das Auftreten innerweltlicher leiblicher Subjekte zu simpel sind. Es war also gut, dass wir sie nur zur Illustration, nicht zur Argumentation herangezogen haben.

Rekapitulieren wir kurz die beiden Teilaussagen der Subjektivitätsthese, die Leiblichkeitsthese (ST-1) und die modale These (ST-2), in ihrem jeweiligen Doppelsinn, zunächst Erstere:

(ST-1) Denken ist (a) notwendig leiblich und weiß sich (b) a priori als Aktivität je eines leiblichen Subjektes.

Es ist keineswegs abwegig, Denken als immateriell zu begreifen, sei es mit Descartes als Tätigkeit einer immateriellen, geistigen Substanz, sei es mit Kant als logische Spontaneität eines nichtsubstantiellen, transzendentalen Subjektes, dessen ontologischer Status seltsam ungeklärt bleibt. Viele Heutige halten es auch nicht für abwegig, sondern beinahe für selbstverständlich, Denken in Analogie zur Ausführung von Rechenprogrammen zu begreifen, mithin als physikalische – neuronale, elektronische oder sonstige – Realisierung eines Programms, durch das die Denkinhalte definiert sind. In Opposition zu all diesen Vorstellungen wird mit (ST-1a) das Denken zu einer irreduzibel leiblichen, das heißt lebendig-körperlichen Tätigkeit erklärt. Der Grund dafür ist der wesentliche Bezug des prädikativ Allgemeinen auf eine Sphäre möglicher Individuation und Mannigfaltigkeit, konkret das Raum-Zeit-Kontinuum, in welchem das prädikative Denken seine basalen logischen Subjekte finden und epistemisch individuieren und sich dazu selbst a priori epistemisch-ontisch individuieren muss als konkrete Tätigkeit eines leiblichen Einzelnen. Eine doppelte Opposition gegen Naturalismus und Theismus wird hier sichtbar. Der Naturalismus nämlich begreift das Denken dualistisch als physikalische Realisierung funktionaler oder kausaler oder programmdefinierter Rollen, und der Theismus nimmt einen allmächtigen Schöpfer des Himmels und der Erde an. Ersteres konfligiert mit dem Antidualismus der Leiblichkeitsthese, Letzteres mit der prädikativen Natur des Denkens. Denn wenn Denken prädikativ ist, können nur innerweltliche, leibliche, perspektivisch wahrnehmende und – auch und zumindest darin – endliche Subjekte denken, von denen keines für die Rolle Gottes geeignet ist. Zwar steht es uns frei, ins Blaue hinein ein für uns unbegreifliches nichtprädikatives Denken als Prima-facie-Möglichkeit anzunehmen. Aber ein Gott, der nichtprädikativ dächte (und dann vermutlich wie der aristotelische Gott aus *Metaphysik* Λ 9 nur sich selber), könnte sich nicht auf Einzelnes in Raum und Zeit beziehen. Wir wären für ihn so gut wie nicht vorhanden und insbesondere nicht seine Geschöpfe. Er könnte uns nicht epistemisch individuieren, uns nicht bei unserem Namen rufen; wir wären ihm und er uns epistemisch unzugänglich und vollkommen gleichgültig. Seine Existenz anzunehmen, wäre eine Hypothese ohne Sinn und Funktion. (Vgl. aber unten, §§ 15–16.)

Was für die Immaterialität des Denkens spricht, ist seine Selbsttransparenz, die in auffälligem Kontrast zur undurchsichtigen Dunkelheit des Materiellen steht und die mit (ST-1b) auch implizit anerkannt wird. Denken ist, als was es sich denkt und weiß. Das Materielle, Körperliche, Leibliche hingegen ist ein Außerlogisches und Objektives, bezüglich dessen wir irrtumsanfällig sind. Wenn oben, § 3, von einem Mythos der Transparenz die Rede war, so war dabei allein ans objektive Reale, nicht ans Denken gedacht, für das die Transparenz kein Mythos, sondern essentiell ist. Dies steht der Leiblichkeitsthese prima facie im Wege, übrigens auch dem Naturalismus, und diesem nicht nur prima facie. Wie also kann gemäß (ST-1b) das Denken sich a priori als Aktivität je eines leiblichen Subjektes wissen? Wie kann es sich für sich selbst verdunkeln, wie sich inkarnieren und dabei Denken bleiben? Falsch gefragt! Umgekehrt wird ein Schuh daraus. Das Denken erdenkt sich im Prozess der Menschwerdung, indem es sich aus der Leiblichkeit, mit der es verwachsen ist, gleichsam exkarniert und sich für sich aufhellt. Denken ist Fichte'sches Sichselbst-Setzen: sich selbst in Kraft Setzen, und hat insoweit eine paradoxieverdächtige causa-sui-Struktur. Aber Setzen, lateinisch *ponere*, man denke an den Modus *ponens*, ist eine rein logische Operation, keine demiurgische Realhantierung. Als sich setzend ist das Denken daher eine Sartre'sche Negativversion einer causa sui, kein schöpferisches sich aus nichts ins reale Sein Hinaufsetzen, sondern ein spontanes sich aus vollem Sein in die selbstbezügliche Negativität des Logischen Herabsetzen. Seiendes, als wäre es nichtig und abwesend, und Nichtseiendes, als wäre es anschaulich anwesend, zu setzen, ist das genuine Vermögen der Einbildungskraft. Sie also wird für die Selbstkonstitution des Denkens unabdingbar sein. Dazu in der Folge mehr.

Die zweite Teilaussage der Subjektivitätsthese, (ST-2), ist eine modale These, die das Faktum existierender Subjektivität, das zu bestreiten pragmatisch inkonsistent wäre, in die Modalität der Notwendigkeit transponiert: Jedes mögliche Raum-Zeit-System enthält denkende Subjekte. Damit wird die Menge der möglichen Welten entsprechend begrenzt; es handelt sich also um eine substantielle, genuin philosophische These. Natürlich besagt sie nicht, dass in einem Raum-Zeit-System jederzeit Subjekte vorkommen müssen, was absurd wäre, denn faktisch gab es im frühen Universum keine, im Mesozoikum zumindest keine irdischen und auf der Venus bis heute keine. Die von Quentin Meillassoux als *Anzestralität* gefasste vormenschliche Realität wird also in vollem Umfang anerkannt; dennoch wird mit der Subjektivitätsthese eine Korrelation zwischen dem raumzeitlich Realen insgesamt und denkenden Subjekten als ausgezeichneten Teilen des Realen etabliert: Es kann das eine ohne das andere nicht geben.[11] Aber diese Korrelation oder logische Verschränkung kann auf die vierdimensionale Raum-Zeit bezogen und diachron verstanden werden. Der Urknall war logisch verschränkt mit künftigen Menschen, selbstverständlich nicht mit gleichzeitigen, die es nicht gab.

11 Quentin Meillassoux (2006) scheint der Auffassung zu sein, die Tatsache der Anzestralität stehe jeder Spielart eines Subjekt-Objekt-Korrelationismus im Wege. Aus der Subjektivitätsthese folgt indes ein logischer Korrelationismus, von dem dies nicht gilt.

So werden im Übrigen alle naturteleologischen Argumente für die Existenz einer intelligenten Weltursache ausgehebelt, die in der Religionsphilosophie der letzten Jahrzehnte kursierten. Dabei hat man aus der innerphysikalisch gegen Null gehenden Wahrscheinlichkeit lebensfreundlicher kosmischer Anfangsbedingungen und Naturkonstanten für die Hypothese einer intelligenten Gestaltung des Weltursprungs argumentiert.[12] Aber die Subjektivitätsthese schiebt dem einen Riegel vor. Zwar mag es aus rein physikalischer Perspektive wie Zufall scheinen, dass die Anfangsbedingungen des Weltprozesses lebensfreundlich ausfielen. Das liegt aber daran, dass die Physik die logischen Wahrheiten, die sie alle respektiert, nicht eigens thematisiert, wie sie auch die mathematischen Wahrheiten respektiert, aber sie nicht alle in ihren Gleichungen abruft, zum Beispiel nicht alle mengentheoretischen Höhenflüge aus Cantors Paradies. So entgeht denn auch die logische Notwendigkeit leiblicher Subjekte der physikalischen Aufmerksamkeit, was die einschlägig Beflissenen zu teleologischen Argumentationsbemühungen einlädt. Da aber niemand etwas Notwendiges beschließen oder verhindern kann, etwa dass 7+5=12 oder dass Theaitetos nicht zugleich und in der gleichen Hinsicht (usw.) jung und nicht jung ist, und da leibliche Subjektivität mit Notwendigkeit im Universum auftritt, ist es müßig oder vielmehr falsch, eine intelligente Ursache für das Faktum dieses Auftretens verantwortlich machen zu wollen.

Die mit der Subjektivitätsthese behauptete logische Verschränkung von Subjektivität und materieller Raum-Zeit ist ein logischer Filter für mögliche Anfangsbedin-

12 Vgl., abwägend, van Inwagen 1993, Kapitel 8, Hermanni 2011, § 8, und jüngst, affirmativ, Schleiff 2019. Nach der Subjektivitätsthese ist Schleiffs Titelalternative: *Schöpfung, Zufall oder viele Universen?* eine unvollständige Disjunktion. Es fehlt die Notwendigkeit – und mit ihr just das zutreffende Disjunktionsglied.

gungen und Naturkonstanten des Weltprozesses, der nur solche Kandidaten, immer noch unendlich viele, passieren lässt, die, wenn sie realisiert würden, intelligentes Leben zur Folge hätten. Da dieser Filter in der Physik kein Thema ist, muss es vom physikalischen Standpunkt wie ein Rätsel oder Wunder erscheinen, dass die kosmischen Anfangsbedingungen sich als lebensfreundlich erwiesen haben, zumal die filternde logische Verschränkung nicht physikalisch realisiert und nicht empirisch nachweisbar ist, darin vergleichbar bestimmten Erscheinungsformen quantenmechanischer Verschränkung. Wenn zum Beispiel an einem von zwei sich mit Lichtgeschwindigkeit voneinander entfernenden, miteinander verschränkten Photonen eine Messung vorgenommen wird, so führt dies unmittelbar zu Konsequenzen für mögliche Messungen am anderen Photon, obwohl wegen der Unüberbietbarkeit der Lichtgeschwindigkeit keine physikalisch realisierte Information zwischen den Photonen ausgetauscht und empirisch nachgewiesen werden kann. Diese nomologische Verschränkung ist nicht weniger rätselhaft als die logische zwischen Subjektivität und materieller Raum-Zeit, sondern im Gegenteil rätselhafter, weil sie nur a posteriori, experimentell bestätigt, diese aber a priori als notwendig erkannt werden kann. Notwendigkeiten – nomologische, mathematische oder logische – bedürfen keiner deterministischen Mechanik, um zur Geltung zu kommen, was sehr eindrucksvoll übrigens der nomologisch eingehegte Zufall beim Zusammenbruch der quantenmechanischen Wellenfunktion anlässlich von Messungen belegt. Bei einer Messung nämlich nimmt ein ihr unterzogener Überlagerungszustand einen wohlbestimmten Wert an. So ist die in einem entsprechend präparierten Kasten eingesperrte Katze in Schrödingers Gedankenexperiment bei Beginn des Experimentes am Leben, doch alsbald tritt im geschlossenen Kasten ein Überlagerungszustand von Leben und

Tod ein mit nach der Schrödingergleichung, wenn man so will, abnehmendem Lebens- und zunehmendem Todesanteil – bis eine Messung vollzogen, das heißt der Kasten geöffnet und die Katze inspiziert wird. Dabei wird nie ein Überlagerungszustand, sondern entweder der Tod oder die Vitalität der Katze beobachtet. Weil die Schrödingergleichung in dieser Weise bei einer Messung kollabiert, wird sie ergänzt durch das quantenmechanische Messpostulat, das die Wahrscheinlichkeit möglicher Messergebnisse exakt spezifiziert. Und obwohl ein gemessener Zustand jeweils absolut zufällig eintritt, richten sich die Ergebnisse möglicher Messungen – als würden sie von einem unsichtbaren Determinismus regiert – im Ganzen exakt nach dem Messpostulat. Die im Postulat spezifizierte nomologische Notwendigkeit ist also die von rein probabilistisch eingehegten und indeterministisch dennoch ›gesteuerten‹ absoluten Zufällen. Vor diesem Hintergrund könnte man das logisch Notwendige als den Grenzfall eines absolut Zufälligen ansehen, das mit der a priori beweisbaren Wahrscheinlichkeit 1,0 – also in jedem Fall – eintreten wird. Die Subjektivitätsthese besagt dann, dass die Anfangsbedingungen jedes möglichen Weltprozesses aus rein logischen, a priori einsehbaren Gründen mit der Wahrscheinlichkeit 1,0 lebens- und geistfreundlich ausfallen.

Als Korrelationalitätsthese impliziert die modale Teilaussage der Subjektivitätsthese einen epistemologischen Perspektivismus und einen ontologischen Fragmentalismus. Dazu sind noch einige Erläuterungen fällig. Was zunächst den Perspektivismus angeht, so können wir (a) zwischen einer aperspektivischen und einer perspektivischen Objektivität unterscheiden und (b) den Begriff der Objektivität nochmals unterteilen. Denn objektiv ist einerseits das Reale, sofern es unabhängig von unseren Urteilen über es so ist, wie es ist, und zweitens unser Urteilen, sofern es unabhängig von zufälligen Beschaffenheiten des urteilenden

Subjektes gültig und in diesem Sinne objektives Wissen ist. Die Objektivität des Realen denken wir uns gewöhnlich als aperspektivisch. Andererseits halten wir seine perspektivische Abbildung, etwa in der neuzeitlichen Malerei nach dem Prinzip der Zentralperspektive, für realistischer als eine aperspektivische Abbildung, obwohl Letztere mehr Informationen über den abgebildeten Gegenstand enthalten, ihn etwa von allen Seiten darstellen könnte. Die Objektivität des Wissens denken wir uns gewöhnlich ebenfalls als aperspektivisch. Zwar hat uns der Historismus mit dem Gedanken vertraut gemacht, dass es ein standpunktsensitives Wissen gibt, das in den hermeneutischen Wissenschaften – der Geschichtsschreibung, den Rechts- und Literaturwissenschaften usw. – gepflegt wird. Aber es gibt eben auch ein im engen Sinn theoretisches Wissen, dessen mustergültige Form uns die theoretische Physik kraft ihrer mathematischen Formulierung vor Augen führt. Die Sprache der Mathematik nämlich ist frei von indexikalischen, standpunktrückbezüglichen Ausdrücken. Selbst das Tempus Präsens, dessen wir uns bedienen, um mathematische Wahrheiten umgangssprachlich zu fassen: »Sieben plus fünf *ist* gleich zwölf«, liegt hier logisch brach. Wenn wir sagen: »Angela Merkel *ist* Bundeskanzlerin«, so deuten wir durch das Präsens an, dass sie es nicht immer war und nicht immer sein wird. Nicht so in der mathematischen Umgangssprache; und die mathematische Formelsprache kennt vollends gar kein grammatisches Tempus: »$7+5=12$«.

Der epistemologische Perspektivismus ist die Überzeugung, dass die letztgültigen, einbettenden und realistischsten Blicke auf das objektiv Reale perspektivisch sind, dass also die theoretischen, mathematisierten Wissenschaften, die unsere Perspektiven übersteigen und zu einem Gottesaugen-Blick oder Blick von nirgendwo neutralisieren wollen, weniger realistisch sind als die hermeneutischen Wissenschaften. Denn der Preis ihrer Neutralität und widerstandslosen Universalisierbarkeit und Globalisierbarkeit ist eine Generalabstraktion von wesentlichen Zügen des objektiven, konkreten Realen, solchen nämlich, die sich nur perspektivisch erkennen lassen. So abstrahiert die Physik von den indexikalischen Bestimmungen der Dinge und den Modi der Zeit: Zukunft, Gegenwart, Vergangenheit, die doch unerbittlich real sind, sowie von den phänomenalen Qualitäten, etwa den visuellen Farben der Dinge, an deren Stelle sie Oberflächen-Reflektanzen betrachtet. Sie gewinnt dadurch Eindeutigkeit und experimentelle Überprüfbarkeit ihrer Aussagen und unangefochtene epistemische Autorität. Aber es öffnet sich nun eine Kluft, die im englischen *physical*, französischen *physique* und italienischen *fisico* ausgeblendet wird, zwischen dem Physischen und dem Physikalischen, der konkreten, überreichen und der abstrakten, mathematisch schematisierten Natur. Die Subjektivitätsthese impliziert den Perspektivismus, weil sie den perspektivischen Blick für logisch unüberbietbar erklären muss, und dies deshalb, weil nur so die Widerspruchsfreiheit zwischen der Identität des Ununterscheidbaren und der Allgemeinheit des Denkens gewahrt werden kann. Könnten die perspektivischen Blicke durch einen Blick von nirgendwo überboten werden, so wäre die Antinomie das letzte Wort. In einer Welt mit ewiger Zweibahnwiederkehr des Gleichen beispielsweise wäre ein Subjekt dann mit seinen unendlich vielen ununterscheidbaren Duplikaten sowohl numerisch identisch als auch numerisch von ihnen unterschieden. Alternativ könnte man vielleicht sagen, dass für den Blick von nirgendwo der falsche Eindruck entstünde, als seien die vielen Duplikate ein einziges Subjekt, das sich seltsamerweise (sofern es Wind von seinen Duplikaten bekommen hätte) nicht für ein und dasselbe hielte.

Wenn aber nicht der Blick von nirgendwo in der theoretischen Wissenschaft, sondern der jeweils perspektivische Blick der sachhaltigste und letztgültige ist, so folgt aus dem

Perspektivismus, wie Thomas Hofweber mit Recht diagnostiziert, der ontologische Fragmentalismus (§ 5). Die Objektivität des Realen selbst ist eine perspektivische, es selbst ist ontologisch so verfasst, dass ein umfassender, neutraler Blick von nirgendwo ihm nicht gerecht würde, sondern sich in Widersprüchen verfinge. Ein wissenschaftlicher Blick von nirgendwo kann zutreffen nur, solange und soweit er unvollständig bleibt und wesentliche Züge des Realen auslässt. Vollständigkeit und Widerspruchsfreiheit passen nicht zusammen, nicht nur in der Axiomatisierung der Mathematik, wie Gödel bewiesen hat, sondern überhaupt.

§ 7. Transparenz als globalisierte Säkularreligion des Westens

Der Naturalismus, wie er in § 2 skizziert wurde, hat bei Sellars wie bei Quine eine pragmatistische Grundlage: am menschlichen Tun bemisst sich das Sein der Dinge, und einen Zug zum Physikalismus: die ontologisch maßgebende Wissenschaft ist die Physik. Mir scheint naturalismusimmanent beides zwingend, doch manche ziehen andere Formen des Naturalismus vor.

Die diametrale Gegenposition zum Pragmatismus ist ein extremer Realismus, dem zufolge das Reale nicht, wie die Subjektivitätsthese lehrt, im Ganzen abhängig und im Einzelnen unabhängig, sondern absolut unabhängig von menschlichem Wünschen und Meinen ist. Es würde dann freilich zu einem unerkennbaren Ding an sich und unsere Urteilspraxis zum Ratespiel.[13] Der Wahrheitsbegriff verlö-

13 Thomas Nagel (1986, Kapitel VI) vertritt einen extremen Realismus, will aber skeptische Konsequenzen umgehen, indem er das

re seine Anwendungsbedingungen, würde unlernbar und unerklärbar und löste sich als Begriff auf. Denn Grundbegriffe können wir nur lernen und erklären anhand von paradigmatischen Fällen, und paradigmatische Fälle von Wahrheit darf ein absoluter Realismus nicht einräumen. So ist denn ›absoluter Realismus‹ nur ein anderes Wort für absolute Skepsis. Was hier so genannt wird, hat Hilary Putnam vor Jahrzehnten als metaphysischen und Quentin Meillassoux vor Jahren als spekulativen Realismus bezeichnet.[14] Metaphysisch ist diese Unposition, weil ihr die empirische Erkenntnis zum Rätsel wird, und spekulativ (entgegen Meillassoux' Wortgebrauch, der die Theorie des Absoluten *spekulativ* nennt), weil nach ihren Verlautbarungen alles Sagbare, so auch sie, höchstens ratend und im Modus der Spekulation vorgetragen werden kann. Sie ist der Trotz, der so tut, als ginge ihn die Skepsis nichts an, die er großgeredet hat. Im Sog fortschreitender Spezialisierung in den Wissenschaften kann ein Naturalismus dieses Zuschnitts ungeniert hier die exakte Wissenschaft zum Maß des Seins der Dinge und dort seine – paradoxe – Basis zum Spezialgebiet anderer Leute erklären, das ihn nichts angehe. Solche Denkökonomie ist in der professionalisierten Gegenwartsphilosophie sogar die forschungsmittelförderliche Regel. Quine und Sellars waren vor einem halben Jahrhundert in der Lage, ihre Versionen des

Reale nach epistemischer Nähe und Ferne geordnet denkt, die fällige Skepsis auf den Fernbereich beschränkt und für die Nähe einen unbegründeten epistemischen Optimismus pflegt. Hätte er untersucht, was der Skepsis im Nahbereich entgegensteht, so hätte er gesehen, dass die Unterteilung in unerkennbare und undenkbare Fernen und erkennbare Nähen weder möglich noch nötig ist. Für eine innovative Kritik eines so unterteilten Realismus und seiner Annahme undenkbarer und unsagbarer Tatsachen vgl. Hofweber 2016, Kapitel 10.

14 Vgl. Putnam 1978, Teil IV (»Realism and Reason«), S. 123–140, und Meillassoux 2006.

Naturalismus zu Ende zu denken, und Meillassoux ist es heute noch, vielleicht weil er im glücklicheren Frankreich lehrt und forscht. Quine und Sellars nahmen ein pragmatisches Moment in ihren Realismus und Naturalismus auf, und Meillassoux, der es nicht tut, vertritt den spekulativen Realismus im klaren Bewusstsein seiner paradoxen Natur, getreu der Devise: Speculemur! – Wenn nach der Subjektivitätsthese das Reale jedoch im Ganzen abhängig und im Einzelnen unabhängig von unseren Meinungen und Wünschen ist, verschwindet die Paradoxie und zeigt sich die Struktur der Wahrheit in ihrer vollen Konkretion als die gespannte Harmonie dreier Wahrheitsaspekte: Gemäß dem pragmatischen Wahrheitsaspekt ist das Reale mit unserem Tun verflochten und kann die Wahrheit als die berechtigte Behauptbarkeit eines Urteils durch Befolgung intersubjektiver Verifikationsregeln von Fall zu Fall gesichert werden. Gemäß dem realistischen Aspekt ist die Wahrheit eines Urteils seine – in einer geeigneten Theorie näher zu spezifizierende Art der – Übereinstimmung mit einem Ausschnitt des urteilsunabhängigen Realen. Gemäß dem phänomenalen Aspekt schließlich ist Wahrheit die anschauliche Unverborgenheit der Dinge, die es erlaubt, jeweils bestimmte von deren Zügen in einem Urteil eigens sehen zu lassen und in den Fokus der Aufmerksamkeit zu bringen. Diese Lehre vom dreifachen Charakter der Wahrheit als Behauptbarkeit, Übereinstimmung und Unverborgenheit braucht hier nicht näher begründet zu werden, weil aus ihr in der Folge nicht argumentiert wird.[15] Ihr Zusammenhang mit der Subjektivitätsthese dürfte indessen unverkennbar sein.

Was zweitens Quines und Sellars' Physikalismus angeht, so könnten naturalistisch Gesinnte auch an diesem sich stoßen, vielleicht weil sie um die Autonomie der einzelnen

15 Für eine Begründung vgl. Koch 2006/²2013, S. 18 f.

Natur-, Lebens- und Kognitionswissenschaften fürchten. Doch dem verblassten Ideal einer physikalischen Einheitswissenschaft, das der Logische Empirismus hochhielt, trauern Quine und Sellars nicht nach. Die einzelnen Wissenschaften sind autonom. Insbesondere hat die Psychologie nach der These des anomalen Monismus, die Quine von Donald Davidson übernimmt, die Anomalie des Mentalen anzuerkennen, für das, qua Mentales, keine strengen Gesetze, sondern nur verlässliche Faustregeln formuliert werden können und das in physikalischer Begrifflichkeit zwar nicht fassbar ist, aber der Monismusthese zufolge global über dem Physikalischen superveniert.[16] Ähnliche Anomaliethesen könnten auch für andere Wissenschaften, zum Beispiel die Biologie, gelten. Was die Physik alleinstellt, ist ihr Ausgriff ins Kosmische. Die Mathematisierbarkeit und experimentelle Überprüfbarkeit, die sie ebenfalls auszeichnen, teilt sie dagegen tendenziell mit anderen Wissenschaften. Auf die Physik nicht als vermeintliche Einheitswissenschaft und nicht nur als Lieferantin einer allgemeinen Supervenienzbasis, sondern auch als mustergültiges Exemplar aus dem mathematisch-experimentellen Komplex der Wissenschaften kommt es Quine und Sellars in ihren Plädoyers für den Naturalismus an. In Gestalt dieses Komplexes erreicht der vormals theistische Mythos der Transparenz seine Vollendung als säkularisierte Religion des Westens, die sich ohne explizite Missionsbemühung globalisieren lässt. Nichts gegen die exakten Wissenschaften, versteht sich. Solange sie bleiben, was sie sind – einzelne Wissenschaften von wohlumgrenztem Erkenntniswert und Nutzen –, stehen sie außer Fundamentalkritik. Aber der szientistische Glaube, dass sie und zumal die Physik uns das Wesen der Welt offenbaren, ist als Ersatzreligion so haltlos wie ehedem das theistische Original.

16 Vgl. Quine 1990, § 29, bes. S. 71, und Davidson 1980.

Die Haltlosigkeit des Mythos der Transparenz ergibt sich aus der Subjektivitätsthese, näher aus ihrem Fragmentalismus, dem zufolge das Reale einem Blick von nirgendwo nur unvollständig, in abstrakter, mathematischer Schematisierung, zugänglich ist und seine konkrete Natur sich stets in wesentlicher Perspektivität zeigt. Im Widerspruch dazu lädt der Mythos uns ein, wenn wir ihn etwa in der Theorieform betrachten, die Leibniz ihm gegeben hat, das Reale als eine unendliche Menge von einfachen Substanzen – Monaden – zu begreifen, deren jede die Welt, also die Gesamtheit der Monaden, aus ihrer jeweiligen Perspektive vollständig, wenn auch großenteils verworren oder gar nur dunkel repräsentiert. Im Verstand Gottes als der Monade aller Monaden sind diese Einzelperspektiven aber zu vollkommener Transparenz gebracht und in eins zusammengeführt und werden darüber hinaus auch alle bloß möglichen Welten allperspektivisch, also vollständig, und dabei je widerspruchsfrei gedacht. Die Unvereinbarkeit der leibnizschen Monadologie und überhaupt aller Konzeptionen göttlicher Weltallwissenheit mit dem Fragmentalismus ist offenkundig. In säkularisierter Form wird daraus, etwa bei Quine, die Vorstellung der transparenten vierdimensionalen Raum-Zeit, deren Gebieten mittels eines beliebig gewählten Koordinatensystems alle jeweils auf sie zutreffenden physikalischen (auch chemischen, biologischen, psychologischen und sonstigen) Prädikate zugeschrieben werden können.[17] Die Wahl des Koordinatensystems problematisiert Quine nicht, wohl weil sie beliebig sein soll. Hätte er es getan, so wäre er auf das Rätsel der ursprünglichen epistemischen Individuation gestoßen, dessen Lösung, wie wir sahen, den Rückgriff auf die Selbstindividuation und Selbstlokalisation a priori eines leiblichen Subjektes

17 Vgl. Quine 1981 (»Things and Their Place in Theories«, Abschnitt III).

nötig macht. Das Subjekt muss in oder an sich als einem ihm a priori zugänglichen Bezugsrahmen ein informelles indexikalisches Koordinatensystem verankern und dazu partiell a priori (1) einen Koordinatenursprung auszeichnen, etwa den Punkt hinter seiner Stirn, an dem die eingehenden Lichtstrahlen konvergieren würden, (2) vier raumzeitliche Achsen mit acht Richtungen unterscheiden und (3) Entfernungsmaße definieren (Schritt, Elle, Fuß oder Spanne für die räumlichen Dimensionen, die Dauer des Gegenwartsbewusstseins oder den Herzschlag für die Zeit). Derartige Überlegungen müssen allerdings über kurz oder lang zur Subjektivitätsthese führen und damit zum Fragmentalismus, der Quine beinahe so fern liegt wie Leibniz.[18]

Heidegger hat die Säkularisierung, Intensivierung und Globalisierung des Mythos der Transparenz als ein von weither kommendes Seinsgeschick dramatisiert, und tatsächlich lässt sich der Mythos bereits an Platons Ideenlehre diagnostizieren. Doch das hat seinen Grund vielleicht nur darin, dass Platon früher als andere das Imaginative als wesentlichen Aspekt des Epistemischen erkannt und dann theoretisch überhöht, nämlich aus seinem angestammten Bereich in den des reinen Denkens verlegt hat. Die Transposition lag sachlich nahe, weil die Einbildungskraft in der Tat der flexible Ursprung des begrifflich-ruhigen Denkens ist. In ihr konvergieren Anschauung und Denken, Rezeptivität und Spontaneität, wie Kant in der B-Deduktion der reinen Verstandesbegriffe ausführt.[19] Die allgemeinen Formen ihrer Inhalte, Raum und Zeit, sind zugleich die Formen der Anschauungsinhalte, und die Spontaneität ihrer figürlichen Synthesis ist dieselbe wie die der intellektuellen oder Urteils-Synthesis des Verstandes. Fichte sah

18 Immerhin erkennt Quine (1990, §§ 41–42) die Unterbestimmtheit der (Gesamt-)Theorie durch Erfahrung an.

19 Vgl. Kant ²1787, § 24, B 151 f.

in ihr bekanntlich das Vermögen, Kontradiktorisches in einem Vorstellungsakt zu vereinigen, einem transitorischen oder oszillierenden Akt, versteht sich, denn als ein ruhiges Sein lässt sich Kontradiktorisches nicht stabil für wahr halten, wie Aristoteles mit der sogenannten psychologischen Version des Nichtwiderspruchssatzes festhielt: Ein Urteil lässt sich nicht mit seiner Verneinung in einem ruhenden Urteilsakt verbinden (Aristoteles), allenfalls in einem beweglichen Akt der Einbildungskraft (Fichte) zur Vorstellung eines Werdens oder Schwebens.[20] Kontradiktorisches vorstellbar zu machen, was für das Bewusstsein von Bewegung und Veränderung unerlässlich ist, ist eine Leistung der Einbildungskraft.

§ 8. Zur Rolle der Einbildungskraft

Natürlich müssen wir uns hüten, die Einbildungskraft als eine Wunschmaschine zu imaginieren, die alles Rätselhafte bis Unmögliche, an dem uns gelegen ist, irgendwie möglich macht. Doch an ihren wohldokumentierten Früchten können wir sie erkennen. Einige ihrer Leistungen, fünf außer der oben angeführten, seien genannt, erstens, nur sehr kurz, ihr konstitutiver Beitrag zu Bildern des Erinnerns, Tagträumens und erwartenden wie auch planenden Antizipierens. In diesem Kontext hat die Einbildungskraft, wie es scheint, ihren natürlichen Ort.

20 Vgl. Aristoteles: *Metaphysik* Γ 3, 1005b23 f.: ἀδύνατον γὰρ ὁντινοῦν ταὐτὸν ὑπολαμβάνειν εἶναι καὶ μὴ εἶναι (›es ist nämlich unmöglich, dass jemand annimmt, dasselbe sei und sei nicht [der Fall]‹). Deswegen ist das Nichtwiderspruchsprinzip in seiner ontologischen Version: ›Nicht: p und nicht p‹, das sicherste der Prinzipien: βεβαιοτάτη τῶν ἀρχῶν (ebd. 22 f.). – Vgl. ferner Fichte 1794/95/1845, S. 217, im *Vergleich* mit S. 204 f.

Zweitens aber darf man mehr als vermuten, dass die Rede von Vorstellungs-*Bildern* kein Zufall ist, sondern dass, obwohl die Einbildungskraft keine Bilder – die *imaginatio* keine *imagines* – im handfesten, gewöhnlichen Sinne liefert, das gewöhnliche Abbilden und Bildverstehen eine ihrer charakteristischen Leistungen ist. Wer von einem Bild nur getäuscht wird, versteht es nicht als Bild. Dass bestimmte Ähnlichkeiten – Schatten und Spiegelungen in der Natur, Artefakte in der bildenden Kunst – von uns als Bilder gesehen werden, ist eine Leistung der durch sie jeweils angeregten Imagination. Eine bemalte Oberfläche kann uns dazu bewegen, die dreidimensionale ›Zeichentafel‹ der Einbildungskraft, sprich den Raum, so umzubesetzen, als befänden sich hinter der Bildoberfläche nicht Leinwand und Zimmerwand, sondern zum Beispiel die Stadt Delft an der Schie, wie Jan Vermeer sie um 1660/61 sah oder zu sehen fingierte. Insoweit ist die Einbildungskraft ein Vermögen der imaginativen Neubesetzung der Raum-Zeit und ipso facto ein Vermögen, unsere eigene Blickrichtung und Perspektive einem anderen (anonymen) Betrachter oder uns als einem anderen (kontrafaktischen) Betrachter zu leihen.

Drittens dürfen wir den konstitutiven Beitrag der Imagination zur Anschauung nicht vernachlässigen. Wir sehen Dinge, dreidimensionale Gegenstände, die sich in der Zeit verändern, aber *von* ihnen eigentlich nur ihre uns jeweils zugewandten Oberflächen. Die abgeschattete Tiefe, etwa das Innere eines betrachteten Hauses, denken wir uns keineswegs nur diskursiv hinzu. Dann sähen wir Oberflächen und dächten Dinge. Sondern wir ergänzen Abgeschattetes und überhaupt die Tiefendimension auch quasi-anschaulich, eben imaginativ. Wir betrachten ein Haus von außen, in dem wir nie waren. Wie können wir das Innere ergänzen, das wir nicht kennen? Wir tun es entweder in konkreter, erfinderischer Phantasie oder in abstrakt imaginativer Schematisierung oder tun es vielmehr immer teils konkret und teils schematisch, immer von irgendwo auf einer Skala zwischen voller anschaulicher Konkretion und abstrakter diskursiver Beschreibung. So bespielt die Einbildungskraft, und zwar auch als ein Vermögen der Abstraktion und Negation, den weiten Spielraum zwischen Anschauung und Begriff.

Viertens gibt es das sogenannte Paradox der Fiktion: Wir reagieren emotional auf Fiktionales, als wäre es real, obwohl wir es als fiktional durchschauen; leiden und fiebern mit, etwa mit den Figuren eines Romans.[21] Dass in der Fachliteratur hier ein Paradox gesehen wird, beweist, dass wir in der Reflexion das diskursive Denken tendenziell über- und das imaginative Vorstellen unterbewerten. »Wie sollte es denn anders sein?«, könnten wir zurückfragen, wenn jemand uns nach der Auflösung des ›Paradoxes‹ der Fiktion fragt. Jedes Bild, jede Geschichte, jeder Tagtraum noch so lokalen Inhalts nimmt die ganze Zeichentafel der Einbildungskraft, das ganze Raum-Zeit-System als Horizont in Anspruch und stellt insofern eine Welt auf, mit schöpferischem Bedacht im Kunstwerk, wie Heidegger befand, und kunstlos sonst. Wie aber sollten wir in der Welt (oder einer Welt) sein können, ohne so oder so gestimmt zu sein und ohne dass unsere Wahrnehmung und dann auch unsere Imagination affektiv gefärbt, in spezifischer Weise lustvoll oder schmerzvoll wäre? Es ist mithin nur die Wirklichkeit und Wirksamkeit der Einbildungskraft, die sich im sogenannten Paradox der Fiktion gegen unsere prodiskursive Voreingenommenheit zur Geltung bringt.

Fünftens sei noch eine ebenso offenkundige wie verkannte Imaginationsleistung erwähnt und erläutert. Die Relativitätstheorie hat uns darüber belehrt, dass die Raum-Zeit nicht flach, nicht streng euklidisch ist, sondern durch

21 Auf diese Problematik bin ich aufmerksam geworden durch Simone Neuber 2013.

ihr innewohnende Massen gekrümmt oder gekräuselt wird wie ein Spanntuch durch eingenähte Metallkügelchen.[22] Gekrümmte Räume können wir uns leicht vorstellen, solange es sich um Flächen – die Oberfläche einer Kugel, eines gekräuselten Spanntuchs usw. – oder Linien handelt; aber an der Krümmung des dreidimensionalen Raumes scheitert die Imagination. Warum? Zum Erstaunen abwegig wäre der Erklärungsversuch, dem sei so, weil unsere biologische Verfassung es nicht anders zulasse. Warum sollte ausgerechnet unser Leib, selbst eine – kleine – Delle in der Raum-Zeit, unmöglich machen, uns vorzustellen, was auch er ist? Längst nicht mehr glaubhaft – aber sie war es nie – ist nach über hundert Jahren Eingewöhnung auch die Ausrede, die Zumutungen der Relativitätstheorie seien zu neu und ungewohnt für unsere Vorstellungsfähigkeit. – Richtig hingegen ist die zweiteilige Auskunft, die Einbildungskraft habe ihre genuinen Modalitäten und schließe völlig zu Recht einen gekrümmten dreidimensionalen Raum bzw. eine gekrümmte (3+1)-dimensionale Raum-Zeit aus dem Bereich des imaginativ Möglichen aus. Dies wird dadurch beglaubigt, dass wir uns wider besseres relativitätstheoretisches Wissen nach wie vor mit Zirkel und Lineal demonstrieren lassen, dass die Summe der Innenwinkel eines ebenen (nicht in dritter Dimension gekrümmten) Dreiecks gleich zwei rechten Winkeln ist und sein muss. Der Raum der Einbildungskraft ist mit imaginativer Notwendigkeit flach, und diese imaginative Notwendigkeit erklärt sich zwanglos aus einer diskursiven. Denn was den Raum krümmt, sind Massen, opak und schwer. Die Imagination ist das Gegenprinzip: ihr

22 Der Ausdruck ›flach‹ könnte missverständlich sein. Die Physiker meinen damit *euklidisch*, nicht etwa *flächig* oder *zweidimensional*. Der dreidimensionale (!) euklidische Raum ist *flach*; d.h. in ihm gilt das Parallelenaxiom.

Vorgestelltes transparent und leicht, unendlich leicht wie Photonen in Ruhe, wenn sie ruhen könnten. Imaginativ lässt sich daher der Raum unmöglich krümmen. Wenn wir massive Gegenstände imaginieren, weichen wir folglich ab von der Wirklichkeit und von der logisch-metaphysischen Notwendigkeit, mit der sie den Raum krümmen, weichen ab ins imaginativ Notwendige, aber logisch-metaphysisch Unmögliche. Auch und besonders in diesem Sinn ist die Einbildungskraft »das Vermögen, einen Gegenstand auch *ohne dessen Gegenwart* in der Anschauung vorzustellen«.[23] Die Abwesenheit des Gegenstandes begradigt den Raum, macht ihn flach, euklidisch. Der leere Raum hingegen ist flach nicht nur mit imaginativer, sondern wäre flach auch mit logischer Notwendigkeit und somit erst recht in Wirklichkeit, wenn er denn möglich wäre. Er ist aber, logisch-metaphysisch gesehen, nur ein imaginativ aufgespanntes Nichts und eine Unmöglichkeit. Zur Einbildungskraft als dem Vermögen, Abwesendes in der Anschauung vorzustellen, gehört insofern auch das Gegenvermögen, leer anzuschauen, das heißt Anwesendes imaginativ aus der Anschauung zu tilgen.

Wenn dies einige Leistungen der Einbildungskraft sind, was ist dann ihre spezifische Natur? Unser Ziel war, das Motiv für den Mythos der Transparenz zu finden, und unsere Vermutung, es liege in der Natur der Einbildungskraft. Sind wir weitergekommen? Und was haben wir dabei womöglich für das übergeordnete Ziel gewonnen, die Immaterialität des Bewusstseins mit der Leiblichkeit der Subjektivität in Einklang zu bringen?

Transparenz ist ipso facto Selbsttransparenz. Die Einbildungskraft ist die Quelle, wenn der einen, so der anderen. Indem wir in imaginativer Abstraktion vom Realen einen unendlich dünnen und leichten, aber für es konstituti-

23 Kant, *Kritik der reinen Vernunft*, B 151.

ven Film abziehen und ihn, der nicht für sich bestehen kann, als für sich bestehendes (3+1)-dimensionales, flaches Raum-Zeit-Kontinuum imaginieren, er-imaginiert sich ursprünglich die Einbildungskraft als eine nichtige, selbsttransparente causa sui mit einer jeweiligen Perspektive auf das Kontinuum, die weniger der Inkarnation erst noch bedarf, als dass sie sich einer imaginativ abstrahierenden Exkarnation aus einem leiblichen Subjekt vielmehr verdankt. Die reine, immaterielle – mit Kant zu reden: transzendental ideelle – Raum-Zeit ist ein impossibler, kontralogischer Grenzfall der empirisch realen Raum-Zeit, wie auch das immaterielle, sich transparente Subjekt der impossible, kontralogische Grenzfall realer, leiblicher Subjektivität ist.[24] Übersieht oder vergisst man den Grenzfallcharakter der reinen Raum-Zeit, so überträgt man unter der Hand ihre Transparenz auf die reale Raum-Zeit. Der Mythos der Transparenz ist geboren. Und wächst sich bei nachhaltiger begrifflicher Pflege, etwa durch Denker wie Platon, Thomas, Leibniz, Carnap, Sellars, Quine und viele andere, zu jenem »Ge-Stell« der Technik aus, das uns alles Seiende zuletzt nur noch als Bestand begreifen und katalogisieren lässt und das sich für Heideggers fatalistisches Denken wie ein unabwendbares »Seinsgeschick« ausnahm. Der wirklich bestehende Zusammenhang des Grenzfallartigen, transzendental Ideellen und des Realfallartigen, empirisch Realen bekräftigt uns auf diesem Abweg und verhindert wie Scheuklappen den Seitenblick auf philosophische Alternativen. Es ist ja unbestritten, dass theoretisches Arbeiten mit idealisierten, unmöglichen Grenzfällen wissenschaftlich ergiebig ist, etwa mit Massepunkten als Grenzfällen von Körpern in der vorrelativistischen oder mit punktförmigen Ereignissen als Grenzfällen von vierdimensionalen

24 Nagel (1986) nennt das imaginativ-ideelle Subjekt statt des realen leiblichen irreführend *das objektive Selbst.*

Objekten in der relativistischen Physik. Wirkliches verhält sich gemäß Gesetzen, die in mathematischer Präzision nur von den Grenzfällen gelten. So ist denn auch das wirkliche Raum-Zeit-System im leeren Grenzfall vollkommen euklidisch – und vollkommen transparent.

Was zum anderen die Immaterialität des Bewusstseins angeht, so ist auch sie ein impossibler Grenzfall, der sich in der causa-sui-Struktur der Einbildungskraft ein rein ideelles Sein gibt, aber für dieses Sein vom leiblichen Subjekt ähnlich zehrt wie ein Virus mit eigener DNS, aber ohne eigenen Stoffwechsel. Wie das Virus sein genetisches Programm nur im Stoffwechsel des Wirtsorganismus aufrechterhält und reproduziert, so erhält sich das immaterielle, ideelle (Selbst-)Bewusstsein nur im realen Lebensvollzug eines leiblichen Subjektes. Es lässt sich entgegen Husserls methodischer Grundannahme nicht phänomenologisch beschreiben, jedenfalls nicht direkt in einem quasi-objektsprachlichen, genuin mentalistischen Vokabular, sondern nur indirekt innerhalb einer jeweiligen, nicht einer ein-für-alle-maligen General-Epoché. Jede einzelne Aussage über den Stand meines Bewusstseins: »mir scheint p«, wenn sie transparent und infallibel sein soll, steht im Bereich ihres jeweiligen Mir-Scheinens und schließt dieses Mir-Scheinen in ihren Inhalt ein. Infallibel bin ich stets nur in dem, was mir perzeptuell, imaginativ oder diskursiv der Fall zu sein scheint, und dieser Anschein lässt sich nicht aus dem Mir-Scheinen extrahieren, ohne seine Transparenz zu verlieren.

§ 9. Der hermeneutische Realismus

Inhaltlich ist die Philosophie die Lehre vom Denken und vom Sein, methodisch die substantielle Wissenschaft a priori. Die Mathematik ist die formale Wissenschaft a priori. Lange schien es, Philosophie müsse wie Mathematik und Physik als eine theoretische, standpunktneutrale Wissenschaft betrieben werden. Als diesem Anspruch unterstellt ist sie (oder war sie) Metaphysik. Aber seit in der frühen Neuzeit die Physik sich zu mathematisieren begann, ist Standpunktneutralität mehr und mehr an die indikatorenfreie Sprache der Mathematik gebunden worden, und so geriet die Metaphysik, die als erste und grundlegende Wissenschaft sich nicht von der Mathematik als einer nachgeordneten abhängig machen konnte, immer weiter ins Hintertreffen. Die Konsequenz muss sein, die Philosophie nicht mehr als Metaphysik im Sinn der theoretischen (standpunktneutralen) substantiellen Wissenschaft a priori, sondern als die apriorische unter den hermeneutischen, standpunktsensitiven Wissenschaften zu begreifen. Allenfalls nebenbei wird man ihr die Transzendentalphilosophie als eine nichtmathematisierte theoretische Restwissenschaft a priori hinzugesellen, die wie die exakten Wissenschaften das unselbständige Transparente am Realen betrachtet, dieses jedoch insofern, als es kraft der selbsttransparenten und selbstsetzenden Imagination zu einem ideellen Quasigegenstandsbereich verselbständigt erscheint. Für das so verstandene Transparente am Denken und Sein gilt ein transzendentaler Idealismus, der aber rückgebunden bleibt an einen hermeneutischen Realismus, den die Philosophie qua hermeneutische Wissenschaft und substantielle Lehre vom Denken und Sein a priori zu entwickeln hat. Den Kern dieser Lehre bilden die Subjektivitätsthese und die These von der dreifachen Struktur der Wahrheit. Zur Abrundung der bisherigen Skizze seien aber noch einige Striche hinzugefügt.

Der Anspruch auf allgemeine Geltung unserer Urteile scheitert abseits der abstrakt-mathematischen Ebene der exakten Wissenschaften notorisch am Meinungsstreit epistemisch Gleichgestellter, einem gegenwärtig vieldiskutierten Phänomen,[25] das aus dem Perspektivismus und Fragmentalismus der Subjektivitätsthese abzuleiten ist. Dennoch halten wir auch in unseren alltäglichen, außerwissenschaftlichen Urteilen und erst recht in den hermeneutischen Wissenschaften an jenem Anspruch fest. Insbesondere werden natürlich auch die Thesen in diesem Buch mit dem Anspruch auf allgemeine Geltung vorgetragen. Wie lässt sich dieser Anspruch auf dem Boden der Subjektivitätsthese rechtfertigen? Eines ist klar: In der Physik haben wir Koordinatentransformationen, um die Beobachtungen, die ein Beobachter in einem Bezugssystem macht, präzise in die Beobachtungen umzurechnen, die Beobachter in anderen Bezugssystemen machen (würden), in der vorrelativistischen Physik die Galilei-Transformation, in der (speziell) relativistischen Physik die Lorentz-Transformation. Dergleichen gibt es für die konkreten Perspektiven leiblicher Subjekte nicht, sondern nur Faustregeln der Horizontverschmelzung. Diese Konsequenz der Subjektivitätsthese hat auf anderem Wege, in modifizierendem Anschluss an Quines Lehre von der Unbestimmtheit der Übersetzung, Donald Davidson bestätigt, indem er zeigte, dass bei der Erstellung einer Interpretationstheorie für eine Sprachgemeinschaft oder für eine Person stets inkommensurable epistemische Werte gegeneinander abgewogen werden müssen, etwa das Prinzip der wohlwollenden Interpretation gegen die Einfachheit der Theorie. (Ich muss andere so interpretieren, dass sie, gemessen an meinen Überzeugungen, möglichst oft recht haben; aber sie so zu interpretieren, dass sie immer recht hätten, würde meine Theorie unendlich komplizieren.) Es wird daher stets eine Pluralität möglicher – oder sogar wirklicher – konkurrierender Interpretationstheorien für eine Sprache geben, die

25 Vgl. jüngst Weber 2019.

sich in keine objektive Qualitätsrangliste bringen lassen.[26] Malgré lui hat Davidson dabei auch Tarskis Diagnose bekräftigt, dass es eine axiomatisierte Interpretationstheorie in Form einer rekursiven Charakterisierung des betreffenden Wahrheitsprädikates nur für extensionale, nicht semantisch geschlossene Sprachen geben kann und für natürliche Sprachen, die ihre eigene Semantik zu formulieren erlauben, nur im impossiblen Grenzfall. Die Kreativität des Verstehens lässt sich nicht trivialisieren in Form der ›Kreativität‹ einer rekursiven Interpretationstheorie oder eines Rechenprogramms. Künstliche Intelligenz im nichtmetaphorischen Wortsinn ist logisch unmöglich. Dennoch oder vielmehr gerade deswegen verstehen und interpretieren wir einander und handeln im Geben und Fordern von Gründen, also jedenfalls im Bohren dicker Bretter, Konsense und im Misserfolgsfall Dissense miteinander aus, Letztere meistens und zum Glück, ohne deshalb zu Feinden zu werden. Aber Meinungsverschiedenheiten in Geschichtsschreibung, Rechtsprechung oder Gesellschaftstheorie können durchaus Feindschaften erzeugen oder umgekehrt aus Feindschaften resultieren, auch in der Philosophie im Übrigen. Dass sie nicht nach irgendwelchen Grundgleichungen hinweggerechnet werden können, ist Segen und Fluch der hermeneutischen Unbestimmtheit.

In unserem Wissen herrscht einerseits systematische Untervollständigkeit, in den mathematisierten Wissenschaften, und andererseits systematische Übervollständigkeit, sprich Inkonsistenz, in den hermeneutischen. Die Physik sagt immer zu wenig und die Philosophie immer zu viel über die Welt. Eine genaue Passform, in der Vollständigkeit und Widerspruchsfreiheit zusammentreffen, gibt es nur im kleinen Ausdrucksbereich der mathematischen Logik erster Stufe; für außermathematische, weltbezogene Gegenstandsbe-

26 Vgl. Davidson 1984.

reiche schließt der Fragmentalismus sie aus. Daher findet sich in den hermeneutischen Wissenschaften stets überschüssiges Theoriefett, das wir zwar unermüdlich abbauen müssen, aber bei allem Bemühen nicht restlos vom Fleisch trennen können. Jede hermeneutische Theorie transportiert in ihrer irreduzibel umgangssprachlichen, nichtextensionalen Begrifflichkeit mehr Aussagenlast, als korrekt wäre; doch nur so, nur in diesem Überschuss, lässt sich die Wahrheit über das konkrete Reale fassen und sagen. Das Wahre und Reale verbirgt sich in seinem Erscheinen, φύσις κρύπτεσθαι φιλεῖ, und Abspecken an der einen Stelle, so geboten es sein mag, führt zu unbemerkten Wucherungen anderswo. Aber das dispensiert uns als Theoretiker nicht von der Anstrengung, lungernde Widersprüche aufzuspüren und aufzuheben. So mechanisch effektiv nun die Widerspruchskontrolle in den mathematisierten Wissenschaften sein mag, so kunsthandwerklich immer neu ist sie in den hermeneutischen. Doch gerade darin liegt eine Verheißung von Kreativität und offener Zukunft, und diese greift sogar auf die Physik über, denn deren strukturelle Unvollständigkeit schließt es logisch aus, dass sie je zum Abschluss in einer endgültigen *Theorie über alles* kommt. Den wissenschaftlichen Nachwuchs im Fach wird es ewig freuen. (Oder wurmen. Denn wer erhielte nicht gern den finalen Nobelpreis?)

Eine Konsequenz der hermeneutischen Unbestimmtheit ist es, dass bereits die einfachsten Wahrheitsansprüche, wie wir sie in Wahrnehmungsurteilen erheben, als übersetzende Lektüre aufzufassen sind. Indem wir miteinander sprechen, fängt die Welt zu uns zu sprechen an. Sie spricht oder besser schreibt in der Wahrnehmung und in einem lagadonischen Dialekt, den wir urteilend in Worte übersetzen. Oben, gegen Ende von § 3, wurde beiläufig David Lewis' Idee einer lagadonischen Sprache erwähnt, die es ernster zu nehmen gilt, als Lewis es je vorhatte. Sprachliche Ausdrücke sind Zeichen-*Typen*, von denen es jeweils viele Einzel-*Zeichen* oder *Exemplare*, englisch *tokens*, geben kann. ›Heidelberg‹ ist als Eigenname der bekannten Stadt am Neckar ein sprachlicher Typus, von dem soeben ein schriftliches Exemplar oder Token aktualisiert wurde. Nach der nun zu skizzierenden Lesbarkeitsthese ist Heidelberg, die Stadt selbst, das lagadonische Token oder weltseitige Urexemplar des Eigennamens ›Heidelberg‹, und entsprechend auch für alle anderen Dinge, auch und besonders die, von deren potentiellen Eigennamen es außer ihnen selbst keine weiteren Exemplare gibt, etwa eine namenlose Forelle im Neckar. Die Dinge, versteht sich, sind als Namenstoken eher den schriftlichen als den mündlichen Token zu vergleichen, denn Letztere verhallen in der Äußerung, während Erstere eine Zeitlang Bestand haben und wiederholt aktualisiert, wiederholt gelesen werden können, Heidelberg etwa immer wieder neu seit Jahrhunderten, in denen sich die Stadt freilich vielfach verändert hat. Es wurden also immer wieder neue Wahrnehmungen gemacht, wenn man Heidelberg sah. Immer wieder neue Wahrnehmungsurteile trafen und treffen auf die Stadt zu. Hier zeigt sich, dass Heidelberg ein lagadonisches Token oder weltseitiges Urtoken nicht nur seines Eigennamens, sondern auch vieler Sätze über Heidelberg ist.

Zur Erläuterung: Namen haben Bezug, aber keinen Sinn, keinen semantischen jedenfalls, sondern höchstens etymologischen. Man braucht sie also nicht zu übersetzen, sondern nur ein Namenstoken durch ein anderes, etwa ein ›Napoli‹-Token durch ein ›Neapel‹-Token zu ersetzen (der etymologische Sinn von ›Neapel‹ ist übrigens *Neustadt*). Sätze jedoch *haben* Sinn und sind daher übersetzbar, so auch Heidelberg qua Token von Sätzen über die Stadt. Wir kennen diesen Sachverhalt – dass ein Token erstens das Token eines Eigennamens und zweitens dasjenige vieler Sätze ist – vom kartographischen Dialekt, in dem Landkarten zu uns sprechen. Eine kleine markierte Fläche auf einer Karte der Pfalz ist etwa das kartographische Token des Eigennamens ›Heidelberg‹. Dass die Fläche rot ist, sagt, dass Heidelberg eine Stadt ist; dass sie von einer blauen Linie durchzogen ist, sagt, dass Heidelberg an einem Fluss liegt, dass sie doppelt umrandet ist, weist Heidelberg als vormalige Residenzstadt aus (usw.). Der lagadonische Dialekt nun funktioniert wie dieser kartographische, nur lesen wir ihn nicht von außen oder oben, auf eine Karte herabblickend, sondern sind mittendrin und selbst lagadonische Token unserer Eigennamen sowie vieler Beobachtungssätze über uns. Quine und Davidson glaubten, die hermeneutische Unbestimmtheit beschränke sich auf die Übersetzung von Wortsprachen ineinander und die Interpretation von Personen durch Personen. Beobachtungssätze als Blöcke, als unanalysierte Einwortsätze, nahmen sie dabei von der Unbestimmtheit aus und ließen diese erst bei der analytischen Einteilung der Beobachtungssätze in Termini (im einfachsten Fall Subjekt- und Prädikatterminus) beginnen. Gemäß der Lesbarkeitsthese greift die hermeneutische Unbestimmtheit aber viel weiter aus und gilt schon für die ›Übersetzung‹ wahrnehmbarer Dinge in artikulierte Wahrnehmungsurteile und Beobachtungssätze. Die Grundlage anhaltender Meinungsverschiedenheiten unter epistemisch Gleichgestellten wird also bereits im menschlichen Wahrnehmen gelegt.

Nicht unmittelbar in der Wahrnehmung und im Weltwissen, doch in unserer Reflexion darauf zeigt sich der Fragmentalismus in noch einer anderen Gestalt: als heilloser Widerspruch, das heißt als Antinomie, und zwar im Zentrum der Logik, wenn denn die Operation der Verneinung ins Zentrum der Logik und wesentlich zum Denken gehört (was Parmenides eben wegen jener Antinomie in pragmatischer Paradoxie verneinte). Dies belegen Lügnersätze wie dieser: »Der Satz, den Sie gerade lesen, ist nicht wahr«, oder in einer unübertrefflichen Formulierung Quines:

»Ergibt angehängt an seine eigene Zitation eine Unwahrheit« ergibt angehängt an seine eigene Zitation eine Unwahrheit.[27]

In solchen Sätzen wird einiger syntaktische Aufwand getrieben, um etwas ganz Einfaches zu sagen, was in der Sprache nicht einfach gesagt werden kann: reine Selbstverneinung. Die Rede von Zitation, Angehängt-Sein, Unwahrheit usw. ist hier nur Mittel zum schlichten Zweck, die logische Operation der Verneinung auf sich selbst anzuwenden. Wer denken kann, kann verneinen, und wer verneinen kann, versteht die Selbstverneinung und ist ipso facto in der Antinomie der Verneinung gefangen, aus der es keinen geregelten Ausweg gibt, nur Inkonsequenz und Themenwechsel: Wir lassen die Antinomie eben Antinomie sein und wenden uns anderen Dingen zu. – Auch diese Antinomie-These, der zufolge das Denken als solches mit einem unheilbaren Widerspruch behaftet ist, der zwar nicht in unserem gewöhnlichen Weltwissen, wohl aber in unserer Reflexion auf unser Wissen und Denken hervortritt, gehört zur Lehre des hermeneutischen Realismus. Wir werden unten in § 14 kurz darauf zurückkommen.

Soweit die Skizze des hermeneutischen Realismus. Mittels der Subjektivitätsthese und deren Fragmentalismus, der demnächst umbenannt werden soll, impliziert er die Verneinung sowohl des Naturalismus als auch, wie es aussieht, des Theismus, also einen genuin hermeneutischen Atheismus. Ob es dabei bleiben muss, soll im Folgenden untersucht werden.

27 Vgl. Quine 1976, S. 7: »›Yields a falsehood when appended to its own quotation‹ yields a falsehood when appended to its own quotation.« – Ich danke Mike Stange für Hinweise und Anregungen zu diesem Thema.

Teil II
Auf der Suche nach der verlorenen Religion

§ 10. Das Unendliche als System von Wechselverhältnissen

Die mathematisch-experimentelle Naturwissenschaft kann vieles in der Welt, aber nicht die Welt erklären, denn selbst wenn sie eines Tages per impossibile eine endgültige Theorie über alles geliefert hätte, wären deren Grundsätze entweder unerklärte Erklärer oder würden sich wider Erwarten als a priori herleitbar erweisen und in Metaphysik auflösen. Der Naturalismus, der unverdrossen die Welterklärung von der Naturwissenschaft erwartet, verdankt seine anhaltende Beliebtheit nach Thomas Nagels einsichtsvoller Diagnose daher nur dem Umstand, dass er vielen als die einzige Alternative zur theistischen Hypothese der intelligenten Gestaltung gilt.[1] Doch vor dem Hintergrund der Subjektivitätsthese scheitern beide Glieder dieser unvollständigen Disjunktion. Insbesondere bleibt keine explanative Rolle für eine Physikotheologie übrig. Wenn es Gründe gibt, am Theismus festzuhalten, können es keine theoretisch-wissenschaftlichen, sondern allenfalls, wie Kant sah, praktisch-moralische sein. Eine Physikotheologie ist als welterklärende Theorie weder nötig noch möglich; doch um der Gerechtigkeit und um des Glücks auch derjenigen Menschen willen, die eines entsetzlichen Todes starben, könnte eine Ethikotheologie unverzichtbar sein. Quentin Meillassoux, der die Gerechtigkeitsfrage aufwirft, nennt solche Menschen Gespenster (*spectres*), weil sie nicht in Frieden gehen und wir nicht angemessen um sie trauern können; doch er hält den Theismus wegen der Theodi-

1 Vgl. Nagel 2012, S. 29.

zee-Problematik – wie konnte Gott die entsetzlichen Tode zulassen? – für keine annehmbare Antwort.[2]

Hier im zweiten Teil der Abhandlung wird es um die Frage des Bedürfnisses und der Möglichkeit von Religion, insbesondere einer theistischen Religion gehen. Dabei wird die angerissene Gerechtigkeitsfrage eine zentrale Rolle erhalten. Doch bevor sie in § 12 explizit gestellt wird, sind noch zwei Überlegungen im Zusammenhang mit der Frage einer theoretischen oder explanativen Rolle der Religion durchzuspielen, erstens eine sehr kurze negative, die von der Religion zur Philosophie zurückverweist, und zweitens eine längere positive, die die Religion selbst betrifft. Die erste Überlegung geht aus von der Frage: Wenn die Physikotheologie die Welt als Ganze so wenig erklären kann wie die Naturwissenschaft, kann es dann die Philosophie? – Ja und nein. Als Metaphysik, das heißt nichtmathematisierte, theoretische und zugleich substantielle Wissenschaft a priori bleibt sie im Mythos der Transparenz befangen und scheitert. Als Transzendentalphilosophie hat sie allein mit dem leeren, kontralogischen Grenzfall der Welt zu tun, dessen substantielle Einbettung anderweitig, von der hermeneutischen Philosophie, geleistet werden muss. Doch als Hermeneutik a priori kommt sie ein Stück weit voran und erklärt die Welt, soweit sie erklärbar ist, und im Übrigen ihre Restunerklärbarkeit: Das Reale ist nicht transparent. Man kann zum Beispiel folgende Dreiersequenz von Fragen stellen: (1) Warum gibt es Denken, das heißt denkende Subjekte? Darauf antwortet der hermeneutische Realismus mit der Subjektivitätsthese: Weil es logisch notwendig ist, dass ein Raum-Zeit-System leibliche Subjektivität enthält. (2) Warum aber gibt es ein Raum-Zeit-System? Die Subjektivitätsthese antwortet mit Kant und Strawson: Weil die Dualität von Allgemeinheit und Einzelheit logisch funda-

2 Vgl. Meillassoux 2006/2017.

mental ist und Raum und Zeit die notwendigen Formen der Einzelheit sind. (3) Warum schließlich gibt es Sein, das heißt überhaupt etwas und nicht vielmehr nichts? Auf diese leibnizsche Grundfrage der Metaphysik lautet die nicht-leibnizsche Antwort der Hermeneutik: Die leere Situation, in der es nichts gäbe, wäre immer noch eine, in der etwas der Fall wäre: dass es nichts gibt. Was der Fall ist, ist *entweder* an etwas anderem der Fall, etwa dass Schnee weiß ist, am (weißen) Schnee, *oder* mangels eines anderen an sich selbst. Dass es nichts gibt, müsste also an sich selbst der Fall sein und ließe sich, so verdinglicht, *das Nichts* nennen. Wenn es nichts gäbe, gäbe es also das Nichts – Widerspruch! Die Möglichkeit, dass es nichts gibt, ist ad absurdum geführt.[3] Das prekäre Glied in der Dreiersequenz dieser Antworten ist die zwischen Denken und Sein vermittelnde Brückenthese, dass die substantielle Basis dessen, was es gibt, raumzeitlich verfasst sein muss. Hier wird es kritisch. Denn um gegen die Tendenz der Subjektivitätsthese die Möglichkeit Gottes als moralischer Instanz offenzuhalten, wird man vermutlich eine basale nicht- oder andersraumzeitliche Existenzform als möglich einräumen und nachweisen müssen. Das bleibt zu untersuchen.

In diesem und dem nächsten Paragraphen wollen wir ein wenig zurücktreten und – womit wir zu der angekündigten zweiten Überlegung kämen – allgemein die Möglichkeit wahrheitsfähiger, nicht notwendig theistischer Religion erörtern. Wenn Religion, wie Schleiermacher sagt, »Sinn und Geschmack fürs Unendliche« ist,[4] müssen wir zunächst fragen: Gibt es das Unendliche? Lässt es sich objektiv erkennen oder nur subjektiv erleben (›schmecken‹)? Sind manche, wie nach ihrem Selbstzeugnis Max Weber

3 Für eine ausführliche Argumentation mit diesem Beweisziel vgl. Koch 2019.

4 Schleiermacher 1799/2004, S. 30.

und Jürgen Habermas, religiös unmusikalisch und andere empfänglich fürs Unendliche? Vor allem aber: Wie hält es der hermeneutische Realismus mit dem Unendlichen und wie mit der Religion? Wir müssen zunächst das aktual Unendliche der Religion und der Philosophie vom Unendlichen der Mathematik unterscheiden, das im endlichen Bereich als potentiell endloser Progress des Weiterzählens und im transfiniten Bereich als endloser Progress immer mächtigerer unendlicher Mengen in Erscheinung tritt. Das wahrhaft aktual Unendliche ist dagegen unüberbietbar, ein Reales ohne Grenze oder Ende und ohne größeren Nachfolger. Lässt der hermeneutische Realismus dergleichen zu? Er lässt jedenfalls logische Verschränkungen zu, namentlich die von Subjektivität und materieller Raum-Zeit; vielleicht verbirgt sich darin ein Keim des Unendlichen.

Eine logische Verschränkung ist ein Verhältnis wechselseitiger wesentlicher Abhängigkeit zwischen verschiedenen Gliedern, kurz ein *Wechselverhältnis*, wie ich es fortan nennen will. Wechselverhältnisse sind zu unterscheiden von künstlichen, regelkonstituierten Systemen, die alle mittels des Dualismus von Rolle und Realisierung begriffen werden können. So ist etwa das Schachspiel durch abstrakte, aus den Spielregeln ableitbare Rollen definiert, die sich als konkrete Figuren – in Holz, Plastik, Elfenbein, elektromagnetischen Impulsen usw. – realisieren lassen. Diese Realisierungen sind distinkte, austauschbare Objekte: Wenn ein weißer König in einem Spielsatz verlorengeht, kann man ihn notfalls durch einen Hosenknopf ersetzen. Nicht die konkreten Figuren also, nur die gleichnamigen Rollen erfordern eine holistische Betrachtung; nur als Rolle ist die Dame, was sie ist, in Beziehung auf die Rollen aller anderen Figuren, und für jede von ihnen gilt das nämliche. Die Glieder eines Wechselverhältnisses hingegen, obwohl auch sie als Eigenständige unterscheidbar bleiben, sind ohne Rückstand miteinander verschränkt, durch und durch, dies aber je nach Art des Wechselverhältnisses in verschiedenen Intimitätsgraden. Die Skala abnehmender Verschränkung und zunehmender Eigenständigkeit reicht vom Pol opaker Identität bis zum Pol äußerer, scheinbar fernwirkender Notwendigkeit. Dankbar dürfen wir Beispiele nomologischer Verschränkung aus der Physik aufgreifen, um die logische zu erläutern, die Thema der Philosophie ist. In der Quantenmechanik finden wir am Pol der äußeren Notwendigkeit das Verhältnis der zuvor (§ 6) erwähnten verschränkten Photonen, die trotz kausaler Isolation in scheinbar spukhafter Verbindung bleiben, und am Pol der undurchsichtigen Identität das Verhältnis von Welle und Teilchenstrom, bekannt als Welle-Teilchen-Dualismus, in welchem ein und dieselbe quantentheoretische Realität je nach Art der Messung als Welle oder als Teilchenstrom auftritt, also in Weisen, die einander ausschließen und nicht zur Deckung gebracht werden können.[5] In Identitätsaussagen werden Auftrittsweisen als die einer einzigen Sache zusammengeführt, so in »Morgenstern = Abendstern« zwei Auftrittsweisen des Planeten Venus. *Diese* Gleichsetzung, wie die meisten, ist prinzipiell durchsichtig – und prinzipiell redundant. Man könnte mit einem schnellen Fluggerät gegen die Erdumdrehung dem Morgenstern nachfliegen und ihn im Auge behalten, bis er als Abendstern auftritt. Träfe der Mythos der Transparenz zu, so ließe sich das vollständig verallgemeinern; das Identitätszeichen wäre dann nur ein Notbehelf der faktischen Unwissenheit. Wer nämlich über eine Zustandsbeschreibung der Welt verfügte, wüsste damit

5 Wir hätten statt dieses Beispiels auch eines aus der christlichen Theologie wählen können: das Trinitätsdogma, also die Lehre von der Identität Gottes in den drei Personen – eigentlich: Theatermasken (durch die die Stimme durchtönt, *per-soniert*) – des Vaters, des Sohnes und des Heiligen Geistes. Aber für ein opak identisches Wechselverhältnis Gottes gibt es anders als für das des Welle-Teilchen-Dualismus keine wissenschaftlichen Belege.

alles über die Venus und ihre möglichen Auftrittsweisen und bräuchte sich der Identität des Morgen- und Abendsterns nicht eigens zu versichern. »Das Gleichheitszeichen ist also kein wesentlicher Bestandteil der Begriffsschrift« (sondern ein redundanter), schließt dementsprechend Wittgenstein.[6] Doch um die prekäre Identität einer Welle mit einem Teilchenstrom zu konstatieren, was darauf hinausläuft, zwei inkompatible Auftrittsweisen als in eine einzige Realität verschmolzen anzuzeigen, ist das Gleichheitszeichen (oder etwas Synonymes) unverzichtbar. Es dient hier, wie wir unvermutet sehen, zur Korrektur eines möglichen physikalischen Fragmentalismus, womit sich dann auch allgemein die Möglichkeit eröffnet, vom Perspektivismus der Subjektivitätsthese nicht mehr kommentarlos zum philosophischen Fragmentalismus übergehen zu müssen. Denn was wir für Fragmente des Realen halten mochten, ist bei diesem neuem Licht besehen nur ein Ensemble unverträglicher Auftrittsweisen, die in opaker, wesentlicher Identität ein und dasselbe Reale offenbaren. Nicht das Reale selbst also ist fragmentiert, sondern seine Auftrittsweisen oder, in anderer Begrifflichkeit, nicht das Sein der seienden Dinge, sondern ihre Unverborgenheit, ihre phänomenale Wahrheit. Zugleich bleiben die Auftrittsweisen mit dem Realen und bleibt die Wahrheit (und durch sie das Denken) mit dem Sein logisch verschränkt.

Wenn wir vor diesem Hintergrund das Reale insgesamt als das *Wechselverhältnis der Wechselverhältnisse* fassen, steht nichts im Wege, es *unendlich* zu nennen, da ja nichts abzusehen ist, was es begrenzen könnte. Dafür, es so zu fassen, spricht das allseitige Ineinandergreifen logischer Verschränkungen, das sich per Kontrast zu künstlichen Regelsystemen illustrieren lässt. Mühlesteine werden auch zum Damespielen verwendet, woraus wegen des Rolle-

6 Wittgenstein, *Logisch-Philosophische Abhandlung*, Ziffer 5.533.

Realisierungs-Dualismus aber nicht folgt, dass die Rollen von Mühle und Dame ineinandergriffen. Weil hingegen der Dualismus für Wechselverhältnisse entfällt, sind diese, sofern sie ein gemeinsames Glied haben, Momente eines übergreifenden Wechselverhältnisses und ist die Relation des In-einem Wechselverhältnis-Stehens transitiv. Wenn also *a* in einem Wechselverhältnis zu *b* und *b* in einem Wechselverhältnis zu *c* steht, steht *a* in einem Wechselverhältnis zu *c*. Nun stehen aber die Subjekte zum Raum, der Raum zur Zeit, die Zeit zur Materie und den materiellen Dingen, also auch alle Subjekte zueinander und ferner zu allen Dingen in einem Wechselverhältnis. Andererseits sind, was auch zu bedenken ist, Subjekte freie und insofern selbständige Akteure gegeneinander und gegen die Dinge. Das intersubjektive Wechselverhältnis der Menschen, das man die moralische Weltordnung nennen könnte, ist daher ein prekäres Verhältnis allseitiger wesentlicher Abhängigkeit von Freien. Die opake Identität des unendlichen Realen in seinen vielerlei unverträglichen Auftrittsweisen und die individuelle Freiheit endlicher Subjekte bilden so die Pole des Spektrums der genuin philosophischen Wechselverhältnisse, so dass wir, statt zu sagen, die Subjektivitätsthese impliziere einen Fragmentalismus, nun sagen können, dass sie die These von vielen Wechselverhältnissen als Momenten eines allseitigen Wechselverhältnisses impliziert, welches das unendliche Reale ist.

Für das Verhältnis von Denken und Sein, das Grundthema der Philosophie, lässt sich daraus eine wichtige Folgerung ziehen. In Urteilen denken und in wahren Sätzen sagen wir, was der Fall ist. Wahrheit und Der-Fall-Sein sind also streng korreliert. Zu sagen, es sei wahr, dass Schnee weiß ist, und zu sagen, es sei der Fall, dass Schnee weiß ist, ist, wenn nicht vollends dasselbe, so zumindest logisch äquivalent. Nun ist die Wahrheit ein Wechselverhältnis ihrer drei Aspekte, des realistischen, des pragmatischen und des phänomenalen, oder ein Wechselverhältnis von Korrespondenz, Behauptbarkeit und Unverborgenheit. Doch obwohl die Unverborgenheit qua Aspekt der Wahrheit streng mit dem Sein korreliert ist, treten, wie das vorige lehrt, das Sein der Dinge und ihre Unverborgenheit in logischer Verschränkung auch ein wenig auseinander. Hier zeigt sich der präzise Sinn des heraklitischen φύσις κρύπτεσθαι φιλεῖ und der präzise Sinn, in dem der Mythos der Transparenz scheitert. Das Sein der φύσις als des unendlichen Realen ist wesentlich unverborgen, dem denkenden Wahrnehmen und indirekt der wissenschaftlichen Theoriebildung phänomenal zugänglich; aber seine Identität-mit-sich oder Selbstübereinstimmung bleibt opak als die epistemisch unzugängliche Quelle seiner Unverborgenheit, deren Auftrittsweisen nicht restlos in ein kohärentes Gesamtbild integriert werden können. So verbindet sich die opake Identität des Realen mit der erscheinenden Fragmentierung des Wahren. Der ontologische Fragmentalismus – was uns so schien – ist ein alethischer Korrelationismus, und diesen also statt jenen impliziert die Subjektivitätsthese.

§ 11. Holistisches Bewusstsein: Kunst und Religion

Ist also die Religion Sinn und Geschmack für das unendliche Wechselverhältnis in der opaken Identität seiner verschiedenen Auftrittsweisen? Abstrahieren wir einmal vorübergehend vom Scheitern der Metaphysik und unterscheiden, mit Roberto Vinco,[7] erstens zwischen Evidenz- und Inferenzmetaphysik und zweitens zwischen Transzendenz- und Immanenzmetaphysik, in der Erwartung, dass sich entsprechende Unterscheidungen auch auf

7 Vgl. Vinco 2019.

die hermeneutische Philosophie beziehen lassen. Die Metaphysik fragt nach dem Sein als dem Prinzip des Seienden, und eine Metaphysik, die dieses Prinzip ausschließlich diskursiv und inferentiell erkennen zu können meint, ist Inferenzmetaphysik; eine Metaphysik, die sich auf eine unmittelbare Einsicht in das Prinzip beruft, Evidenzmetaphysik. Ferner ist das Prinzip den vielerlei Seienden entweder transzendent wie eine platonische Idee ihren Einzelfällen oder immanent wie der spinozanische Gott dem System der Natur. Ersteres lehrt die Transzendenzmetaphysik, Letzteres die Immanenzmetaphysik. Das unendliche Wechselverhältnis nun hätte, so mag man meinen, Thema und Lehre erstens einer Inferenzmetaphysik zu sein, da es sich gegen unmittelbares Eingesehen-Werden sperrt und nur über Schlussfolgerungen erreichbar zu sein scheint, sowie zweitens einer Immanenzmetaphysik, da es als Wechselverhältnis nur in und an seinen Gliedern vorkommt. Wenn sich jedoch das metaphysische Evidenzideal auch der hermeneutischen Philosophie vindizieren ließe, dürfte man erwarten, dass an Wechselverhältnissen nicht nur ihre einzelnen Glieder unverborgen wären, der sinnlichen Wahrnehmung und dem diskursiven Denken, sondern auch ihre holistischen Aspekte und vielleicht sogar das übergreifende Wechselverhältnis als Ganzes, soweit sie und es sich an den thematischen Einzeldingen vorthematisch mitzeigten. So wären sie ontologische Phänomene im Unterschied zu ontischen, empirischen oder, mit Heidegger zu reden, Phänomene im phänomenologischen Sinn im Unterschied zum »vulgären«, das heißt gewöhnlichen Sinn.[8] Wie nun die Wahrnehmung nur in affektiver

8 Heidegger 1927/[14]1977, § 7, S. 31. (Es könnte sich aber zeigen, dass die Phänomene im phänomenologischen Sinn eher Gegenstand der Kunst und Dichtung als der Wissenschaft, auch der philosophischen, sind.)

Färbung möglich und kraft ihrer unmittelbar aufs Handeln bezogen ist – worin sich in der Grundfähigkeit leiblicher Subjekte die Verschränkung des phänomenalen, des realistischen und des pragmatischen Wahrheitsaspektes spiegelt –, so ist auch die phänomenale Präsenz holistischer Züge in faktischer Befindlichkeit affektiv gefärbt durch Stimmungen und kraft ihrer auf den Flucht- und Zielpunkt unseres In-der-Welt-Seins, den Grundentwurf je unserer selbst bezogen, den man mit Aristoteles als unsere Konzeption der εὐδαιμονία, also des guten und glücklichen Lebens, begreifen kann. Statt von einem Sinn und Geschmack fürs Unendliche könnte man dann von Grundstimmungen sprechen, die die phänomenalen Präsenzweisen von holistischen Zügen des allumfassenden Wechselverhältnisses einfärben und in unseren jeweiligen Grundentwurf vom guten Leben einfließen und ihn substantiieren. Wie aber würde man die holistischen Züge übers Fühlen hinaus auch *erkennen* oder *erfahren*?

Die stimmungsgefärbte, nicht zu diesem oder jenem Tun, sondern zu jeweils neuem geistigen Leben insgesamt anhaltende holistische Erfahrung ist die ästhetische. In ihrer Fülle wird sie in Kunst, Dichtung und Musik gestaltet; ihre transzendentalen Leerformen hat Kant in der Analytik des Schönen und des Erhabenen untersucht.[9] Die kognitive Basis der holistischen ästhetischen Erfahrung, deren kognitiv-affektiv-konative Gesamtstruktur dem Lebewesen, das den Logos hat, das Reale als Welt bewohnbar macht, lässt sich mittels der § 9 skizzierten Lesbarkeitsthese erhellen, wenn man sich klarmacht, dass nicht vornehmlich isolierte Sätze, sondern Texte und mitunter ganze Literaturen ge-

9 Ihr transzendentaler Abzug ist zum einen die reine, nichtempirische Lust am schönen Gegenstand und zum anderen die reine, nichtempirische Stimmung des Erhabenen, die nach Kant Unlust und Lust in einem ist. Vgl. Kant, *Kritik der Urteilskraft*, §§ 1–29, für den Unlust-/Lust-Charakter der erhabenen Stimmung besonders § 27.

lesen werden. Aus der Tradition einer Literatur gewinnen literarische Werke und aus den Werken einzelne Sätze einen holistischen Überschuss an Bedeutung, der von der Wortsprache her auf den lagadonischen Dingdialekt der Welt übergreift und die Dinge nicht nur prädikativ, sondern auch holistisch lesbar und ästhetisch erfahrbar macht. Die Kunst, inklusiv verstanden als bildende und darstellende Kunst, Literatur und Musik, stiftet jeweils neue Weisen des In-der-Welt- bzw. Menschseins. Doch die ästhetische Erfahrung, so religionsaffin sie in mancher Hinsicht sein mag, ist nicht selbst die religiöse. Sie ermöglicht geistiges Leben in der Immanenz zwischen Erde und Firmament; die religiöse Erfahrung, wenn es sie gibt, zielt auf die Transzendenz des Himmels als eines Gegenortes zur Erde. Man muss, mit Volker Gerhardt, »Religionen, wie es sie heute gibt«, deutlich absetzen von dem älteren, bereits neolithischen »Medium magischer Praktiken, vermutlich mit einem hohen Anteil animistischer Deutungen«,[10] einem Medium, dem eher die Künste als die Religionen entsprossen sein dürften. Denn magische Praktiken und animistische Deutungen sind so weltimmanent wie die olympischen Götter, deren anschaulich plastische Gestaltung nach Hegel die Kunst im klassischsten Sinne war. (Die epische und tragische Gestaltung der Olympier und ihrer Interaktionen mit den Sterblichen wird man freilich, wie Hegel wusste, in der Kunsttheorie ebenso wenig vernachlässigen dürfen.) Die Religion im engen Sinn bewegt sich demgegenüber im Medium der Vorstellung – Hegel denkt an den seit seiner Himmelfahrt nicht mehr anschaulich anwesenden Gottmenschen, also an die christliche Religion –, obwohl auch sie Kunst in Form von bauender und bildender Kunst, geistlicher Lyrik und Sakralmusik freigesetzt hat. Die Kunst als solche, als griechische Kunst-

10 Gerhardt 2016, S. 38.

religion, lässt nach Hegel das Absolute sinnlich anschaulich in idealisierten menschlichen Göttergestalten aufscheinen, die Religion als solche, als geoffenbarte christliche Vorstellungsreligion, imaginiert und durchdringt das Absolute diskursiv in Erinnerung und Erwartung.[11] So kann die Kunst als ihrer Herkunft nach Sublimierung von Magie und Animismus und als längst säkularisierte Mythologie bzw. säkularisierter Polytheismus unterschieden werden von der Religion als nicht nur Sinn und Geschmack fürs transzendente Unendliche, sondern, spezifischer und weitreichender, als imaginativ-diskursivem Glaubenssystem des Unendlichen. »Religionen, wie es sie heute gibt«, sagt, wie wir lasen, Volker Gerhardt und denkt, wie der Fortgang zeigt, an abrahamitische und fernöstliche Religionen, an Judentum, Christentum, Islam, an Hinduismus, Brahmanismus, Buddhismus, Daoismus und Konfuzianismus,

> haben ihre Form erst seit etwa viertausend Jahren. Sie sind ein Produkt des bereits durch rationale Techniken sowie durch ein arbeitsteilig eingesetztes Wissen [geprägten Lebens], das die Zivilisationen in den großen Flusstälern des Nahen, Mittleren und Fernen Ostens möglich machte. Religionen kommen erst unter den Bedingungen dieser Zivilisationen auf und haben stets einen lehrhaften [also imaginativ-diskursiven] Bestand einer als sicher angenommenen Erkenntnis. Sie werden von Propheten, Priestern und späterhin auch von Schriftgelehrten verbreitet.[12]

Kunst also gestaltet und ermöglicht durch Bauen, Bilden, Dichten, Gesang und Musik gelingende Immanenz, gelingendes In-der-Welt-sein, während Religion in Offenbarung und Überlieferung und deren doktrinaler Ausgestaltung auf ein transzendentes Unendliches, auf Gott oder das Göttliche zielt. Es scheint mithin, dass der hermeneutische

11 Vgl. die einschlägigen Paragraphen in Hegels *Enzyklopädie*, für die Kunst §§ 556–563 und für die Religion §§ 564–571.

12 Gerhardt 2016, S. 38.

Realismus, wenn es sich so verhält, die Kunst gegenüber der Religion privilegieren muss. Die Kunst stiftet Eigentlichkeit, authentisches In-der-Welt-sein; die Religion lenkt ab vom irdischen Dasein und leistet tendenziell dem Verfallen in Uneigentlichkeit und der Weltflucht Vorschub. So scheint es zumindest. Und ganz unabhängig davon lässt die Subjektivitätsthese theistische Varianten von Religion ohnehin als notwendig unzutreffend, als unmöglich wahr erscheinen.

Den Sinn und Geschmack fürs Unendliche aus Schleiermachers Religionsbegriff haben wir nunmehr interpretiert als die Stimmung fürs Unendliche, die das affektive Moment religiöser Erfahrung ist, deren konatives Moment ein bestimmtes In-der-Welt-Sein bildet, das zumindest dann, wenn das Unendliche ausdrücklich für transzendent gilt, ein Verfallen in Weltflucht begünstigen könnte. Die Stimmung für das immanente Unendliche, das Wechselverhältnis der Wechselverhältnisse, *als* ein immanentes ist hingegen das affektive Moment der ästhetischen Erfahrung, deren konatives Moment ein In-der-Welt-Sein ist, das die Produktion und Rezeption von Kunst und so das *dichterische Wohnen des Menschen auf dieser Erde* ermöglicht.[13]

Aber lässt sich nicht auch Religion in diesem positiveren Sinn verstehen? Leitet denn – beispielsweise – der Daoismus zur Weltflucht an? Pauschales Reden von *dem* Daoismus, *dem* Theismus, *dem* Christentum usf. ist vage bis zum Nichtssagenden; aber man kann sich immerhin vorstellen, dass dann, wenn das Wechselverhältnis der Wechselverhältnisse als opake Identität gedacht und das Dao als ihr überpersönlicher, transzendenter Flucht- und Einheitspunkt gedeutet wird, Versionen des Daoismus möglich sind, die den Menschen nicht der Erde entfremden, sondern ihm

13 Vgl. Heideggers Auseinandersetzung (1951/2000) mit diesem Hölderlin-Wort in dem Vortrag »›… dichterisch wohnet der Mensch …‹«.

ein dichterisches Wohnen auf der Erde ermöglichen. Man kann sich sogar vorstellen, dass sich auch die sonst dem Jenseits verschriebene christliche Religion in diese Richtung entwickeln ließe. Jüngst hat etwa Gerd Theißen (in dieser Buchreihe) eine »religionskritisch geläuterte« christliche Religion in Form einer »Resonanztheologie« entworfen und in drei Artikeln nach dem Muster der Artikel des apostolischen Glaubensbekenntnisses zusammengefasst, die keine Weltflucht begünstigen müsste, sondern sich vielleicht als »gemeinschafts-, traditions- und lebensfähig« erweisen könnte.[14] Dazu einige Bemerkungen.

Resonanz ist das Mitschwingen eines Körpers mit den Schwingungen eines anderen. Durch die Religion, so will Theißen sagen, wird der Körper der Welt, die in der Absurdität von Natur- und Moralkatastrophen fortwährend verlorengeht, und werden die Menschen zum Mitschwingen mit etwas anderem, einem göttlichen Licht, gebracht. Ich zitiere seine Artikel in gekürzter Form:

> Der erste Artikel sagt: Dieses Licht erleuchtet Menschen so, dass sie die Wirklichkeit als Resonanzfülle erleben, vor allem durch das *extensivste Resonanzerleben* überhaupt, nämlich das Staunen über das Wunder der Existenz. Ein poetisches Bild dafür ist Gott als Schöpfer, der alles einschließlich unserer eigenen Person geschaffen hat. [...]
>
> Der zweite Artikel sagt: Dieses Licht bricht an einer Stelle in der Geschichte klar und deutlich wie durch dunkle Wolken hervor, in der Person Jesus. In der Begegnung mit diesem einen Menschen finden wir die *intensivste Resonanzerfahrung*. In poetischer Sprache ausgedrückt: Gott inkarniert sich im Menschen. In ihm wird Gott transparent. In ihm wird die Resonanzfülle der Wirklichkeit präsent: Jesus stellt das Liebesgebot ins Zentrum. Sein Kreuz symbolisiert gleichzeitig extreme Absurditätserfahrung. Glauben ist Mut zum Leben, der mit Christus gekreuzigt wird und aufersteht [...].

14 Theißen 2020, S. 101.

> Der dritte Artikel dieses Glaubens sagt: Das Licht, das in Christus leuchtet, kann Menschen so verwandeln, dass sie zu einem Licht für andere werden. […] Alle sind dazu berufen, dieses Licht überall zu entdecken, in jedem Menschen, in der ganzen Welt, auch in anderen Religionen. Das ist die *aktivierende Resonanzerfahrung*. […] Der Heilige Geist erleuchtet und motiviert. […] Diese Aktivierung durch Resonanz setzt eine Umkehr voraus, die von Egozentrizität befreit. Gott, der alles begonnen hat, findet sein Echo in seinem Ebenbild […].[15]

Das resonanztheologische Glaubensbekenntnis geht von der Spannung zwischen Absurditäts- und Resonanzerfahrung aus. Quelle der Absurdität ist der Kampf der Menschen »mit Katastrophen, Ungerechtigkeit und Leid«.[16] Quelle der Resonanz ist das unerschaffene Licht, das uns das extensivste, das intensivste und das aktivierende Mitschwingen und somit Absurditätsbewältigung ermöglicht. Für sein erst- und zweitgenanntes Leuchten gibt es in der Bibel und im apostolischen Bekenntnis poetische Bilder: Gott als Schöpfer der Welt und Gott als inmitten seiner Schöpfung inkarniert in Jesus. Dem drittgenannten Leuchten wird kein poetisches Bild zugeordnet, vielleicht könnte man die Ausgießung des Heiligen Geistes an Pfingsten dafür in Anspruch nehmen. Im Vergleich mit dem apostolischen Bekenntnis ist das resonanztheoretische allerdings entschieden unbestimmter. Das Bild von Gott als Schöpfer, mit dem jenes arbeitet, lässt sich ja leicht in Theorie übersetzen, sofern man Gott als vernünftiges ens necessarium und die Schöpfung als voraussetzungslose Verursachung durch Akteurskausalität ausbuchstabiert; ebenso das Bild des inkarnierten Gottes, sofern man die Lutherische Weihnachtsgleichung: »Den aller Welt Kreis nie beschloss = der, der in Marien Schoß liegt«, als Be-

15 Ebd., S. 102–104.
16 Ebd., S. 99.

hauptung einer opaken Identität deutet. Ob das Schöpfungs- und das Inkarnationstheorem tatsächlich zutreffen, ist natürlich eine andere Frage. Das apostolische Bekenntnis glänzt durch Bestimmtheit, und Bestimmtheit macht angreifbar. Bestimmter als das resonanztheologische ist es auch darin, dass es nicht den »Mut zum Leben« mit Christus gekreuzigt werden und – in welchem genauen Sinn? – auferstehen lässt, sondern den leiblichen Menschen Jesus, über den es lehrt, er sei am dritten Tag, ab seiner Kreuzigung gerechnet, von den gewiss doch im Wortsinn Toten auferstanden, und ferner darin, dass es im dritten Artikel die Auferstehung der Toten und das ewige Leben für alle Menschen, zumindest die, die zur »Gemeinschaft der Heiligen« gehören, also vermutlich für alle Christen statuiert. Wie gesagt, Bestimmtheit macht angreifbar. Aber sie lässt uns deutlich wissen, was uns diskursiv artikuliert zu glauben angemutet wird, und wir können dann unumwunden ja oder nein dazu sagen. Auf der anderen Seite hat das resonanztheologische Bekenntnis den Vorzug, wenn es denn einer ist, in seiner Offenheit auch solche Deutungen zu erlauben, die vielleicht mit dem hermeneutischen Realismus in Einklang gebracht werden können. Wir werden beide Bekenntnisse im Auge behalten.

§ 12. Glück und Unglück der Gutgestellten. Hegel, Heidegger, Proust

In Hegels Lehre vom absoluten Geist werden nacheinander Kunst, Religion und Philosophie als die Weisen behandelt, in denen der logische Raum oder das Absolute in diesen menschlichen Kulturleistungen zu sich, seinem Selbstbewusstsein kommt. Zutreffend also ließ die griechische plastische Kunst das Absolute in der idealen Menschengestalt olympischer Götter zum sinnlich anschaulichen Scheinen gelangen. Zutreffend auch stellt die geoffenbarte christliche Religion in ihrer Theologie das Absolute imaginativ-diskursiv vor als menschgewordenen, gekreuzigten und seither abwesenden Gott. Doch erst in der Philosophie, zuletzt derjenigen Hegels, erhält dieser identische Inhalt der griechischen Kunst- und christlichen Vorstellungsreligion seine angemessene begriffliche Form. Damit wird die Kunst frei für neue Zwecke und ist seither nicht mehr darauf festgelegt, das Göttliche in Menschengestalt sichtbar zu machen. Die Religion hingegen wird, wenn wir Hegel folgen, da sie sich im Medium der imaginativ-diskursiven Vorstellung artikuliert, das in der wissenschaftlichen Theologie dem des Begriffs nahekommt, von der Philosophie weniger freigesetzt als vielmehr ins Begreifen aufgehoben. Von dort aus gesehen liefert sie, mit Theißen zu reden, poetische Bilder für die philosophischen Inhalte. So wird der Tod Jesu am historischen Karfreitag zu einem Bild für den Untergang des Logos in der Antinomie der Verneinung am langen spekulativen Karfreitag, den Hegels *Logik* ausführlich darstellt, und die österliche Auferstehung zum Bild der spekulativen Auferstehung des Logos in der absoluten Idee, mit deren Darstellung die *Logik* endet. Hegels System, das im Anschluss an die *Logik* noch eine Philosophie der raumzeitlichen Natur und eine Philosophie des in der Natur evolvierenden menschlichen Geistes enthält, ist Immanenz-Philosophie und weist der Religion die Aufgabe zu, die Immanenz der absoluten Idee in der menschlichen Kultur für philosophisch Desinteressierte poetisch zu bebildern. In der Fluchtlinie dieser Konzeption könnte man, gegen Hegel und etwas boshaft, eine Zusatzfunktion der Religion darin vermuten, dass die Interpretationsoffenheit poetischer Bilder eine nützliche Unbestimmtheit stiftet. Die Gutgestellten und Kundigen durchschauen die Religion als Bebilderung der Immanenz-Philosophie, aber die »Artikulationskraft religiöser Sprachen« kann überdies, wie Habermas formuliert,[17] uns – besonders die schlechter Gestellten und weniger Kundigen unter uns – mit »wichtigen Ressourcen der Sinnstiftung« verbinden und so bei Laune halten, feiner gesagt, die »Motive für eine Teilnahme der Bürger an der politischen Meinungs- und Willensbildung« und für gemeinwohlorientiertes politisches Handeln stärken.[18] Die Religion schillert eben poetisch zwischen Bebilderung der Immanenz, für die Privilegierten, und Verheißung tröstlicher Transzendenz, für die anderen, und in derselben Sonntagspredigt, mit denselben Worten, kann ich mich den einen als atheistischer Kulturchrist und den anderen als gottergebener Glaubenschrist präsentieren. So lässt sich polemisch zuspitzen, dass eine Immanenz-Religion niemand braucht. Die Gutgestellten haben die Kunst und bei Bedarf und Interesse die Philosophie, und die Schlechtgestellten sind mit einer Immanenz-Religion nicht getröstet.

Was Hegels Philosophie angeht, ist im Vorbeigehen anzumerken, dass auch sie eine Subjektivitätsthese einschließt,[19] allerdings verfremdet durch den Mythos der Transparenz und ohne freistehenden, bündigen Beweis, vielmehr als bloßen Baustein im System, das man also miteinkaufen müsste, um zu ihr berechtigt zu sein. Die Subjektivitätsthese, zur Erinnerung, besteht aus einer modalen These: Subjektivität ist *notwendig*, und einer Leiblichkeitsthese: Subjektivität ist notwendig *leiblich*. Hegels Variante der modalen These besagt, dass das Absolute Subjekt ist und dass demnach Leben in der unbelebten Natur und Geist in der belebten entstehen *musste*, und die Variante der

17 Habermas 2001, S. 22.

18 Ders. 2005, S. 23.

19 Christian Martin wies mich vor Jahren darauf hin. Obwohl es offenkundig ist, hatte ich nicht daran gedacht.

Leiblichkeitsthese, dass das Leben des Geistes sich nur in leiblichen Subjekten vollziehen *kann*. ›Bewiesen‹ werden diese Thesen, wie gesagt, nicht für sich, sondern über das ganze System hinweg in dessen schrittweiser Entfaltung, und transparenzmythologisch verfremdet werden sie insofern, als das Absolute im absoluten Geist (bzw. der logische Raum in der Philosophie) sich transparent werden soll als theoretisch artikuliertes menschliches Selbstbewusstsein. Die hermeneutische Subjektivitätsthese, die sich der Lehre vom allseitigen Wechselverhältnis vieler Wechselverhältnisse verpflichtet weiß, bliebe aus Hegel'scher Sicht auf dem Standpunkt der Wesenslogik stehen und würde den fälligen Schritt zur triumphalen Begriffslogik verweigern, während umgekehrt aus hermeneutischer Sicht Hegels Fortgang vom – heilsam – »lichtscheuen«[20] Wesen und seiner dunklen Notwendigkeit zur behaupteten Transparenz und Freiheit des Begriffs ein Rückfall in den Mythos der Transparenz wäre. Doch unberührt von diesem Dissens gilt, dass Hegels Subjektivitätsthese so atheistisch ist wie die hermeneutische. Nur wird Hegels Atheismus camoufliert durch die Lehre, dass die Religion im Medium der Vorstellung und der poetischen Bilder denselben Inhalt artikuliert wie die Philosophie im Medium des Begriffs. So erlaubt die Transparenz des Begriffs Hegel zu guter Letzt eine Nottaufe sogar noch der Subjektivitätsthese. Und die Zensur drückt beide Augen zu.

Was aber lehrt Hegels Immanenz-Philosophie, die den Inhalt der Religion so in sich aufhebt, über das menschliche Glück? Nicht viel. Zupass kommt ihr, dass ihre Rezipienten selbstverständlich zur Bildungselite gehören; und wer um Nahrung, Kleidung und Wohnung nicht bangen muss, dazu mit Familie, Freunden, Gesundheit und Bildung gesegnet ist und überdies vor Lebenskatastrophen verschont

20 Hegel, GW 11, S. 391 f. = TW 6, S. 216.

bleibt, darf sich wohl glücklich oder zufrieden schätzen. Aber kein Mensch sollte meinen, die Weltgeschichte habe es aufs je individuelle Glück abgesehen statt auf den allgemeinen Geist, der sich in den Individuen vollzieht. Zwar will, wie Hegel in den *Vorlesungen über die Philosophie der Geschichte* bemerkt, »[a]uch das fromme Individuum [...] gerettet und selig sein«, doch er fährt fort:

> Dieser Standpunkt ist [...] der des Glücks oder Unglücks. Glücklich ist derjenige, welcher sein Dasein seinem besonderen Charakter, Wollen und Willkür angemessen hat und so in seinem Dasein sich selbst genießt. Die Weltgeschichte ist nicht der Boden des Glücks. Die Perioden des Glücks sind leere Blätter in ihr; denn sie sind die Perioden der Zusammenstimmung, des fehlenden Gegensatzes.[21]

Die Privilegierten leben nobel abgewandt vom Glück, und wenn es gutgeht, in seiner Nähe. Sie fragen nicht danach. Dringlich wird die Frage nach dem Glück aber für die Unterprivilegierten, die unter Armut, Schicksalsschlägen oder Unrecht leiden, und mit Bezug auf sie dann auch für die Theoriebildung. Dazu im nächsten Paragraphen mehr. Doch fürs Erste wollen wir noch bei den Privilegierten bleiben. Auch sie leiden: an einer zwiespältigen Welt, die Schönes und Schlimmes in Fülle bietet, auch wenn sie persönlich vom Unheil verschont sind. Zu ihnen gehört Prousts Romanfigur Marcel. Als behüteter Spross wohlhabenden Pariser Bürgertums leidet er früh an unerfüllter Liebe, später an Eifersucht, dabei anhaltend am Unvermögen, der Schriftsteller zu sein, der er glaubt sein zu müssen, und am meisten wie wir alle an der Struktur der Zeit. In

21 Hegel, TW 12, S. 41. Robert Pippin ist zuzustimmen, der diesbezüglich zustimmend auf Pinkard 2012 verweist, dass es nach Hegel keine tiefe und erfüllende menschliche Versöhnung mit der Welt geben kann (»no such thing as a deep and satisfying human reconciliation with the world«, Pippin 2019, S. 302 Anm. 4).

diesem grundlegenden Leiden sind für ihn die übrigen zusammengefasst. Was also hat es auf sich mit der Struktur der Zeit?

Die lebensweltliche Zeit ist einesteils durch die Zeitmodi der Zukunft, Gegenwart und Vergangenheit und andernteils durch die lineare Eindimensionalität einer raumanalog vorgestellten Stellenmannigfaltigkeit bestimmt. Aus dieser Kombination entspringt der Pfeil der Zeit, dessen einförmige Bewegung längs der Zeitlinie das Gegenwärtige beständig in die Vergangenheit entgleiten lässt. Die Physik abstrahiert von den Modi der Zeit und von der Bewegung und zuletzt auch der Richtung des Pfeils, also von der Asymmetrie der Zeit, und operiert in ihren Grundgleichungen mit der linearen und symmetrischen Stellenmannigfaltigkeit des Parameters *t*. Umgekehrt abstrahiert Heidegger in *Sein und Zeit*, um von der lebensweltlichen Zeit zu einem genuin philosophischen Phänomen *ursprünglicher Zeitlichkeit* zu gelangen, von der linearen Stellenmannigfaltigkeit und behält ein nichtsukzessives Strukturganzes aus je ursprünglicher Zukunft, Gegenwart und Vergangenheit übrig.[22] Diese sogenannten »*Ekstasen* der Zeitlichkeit«[23] stehen leicht erkennbar in internem Zusammenhang mit den Aspekten der Wahrheit – der Zukunft entspricht der pragmatische, der Gegenwart der phänomenale und der Vergangenheit der realistische Wahrheitsaspekt – und, was nun zu erläutern ist, ebenso mit den Aspekten des Glücks.

Das Glück, die εὐδαιμονία, ist der letzte und umfassende Zweck und Selbstzweck in all unserem Tun und Lassen und kann nach Aristoteles' Beobachtung erstens mit den Vielen in der Lust und im Vergnügen, griechisch ἡδονή, zweitens mit den Gebildeten und Aktiven im ehrenvol-

22 Vgl. die entsprechende Interpretationsthese bei Blattner 1999, S. 125.

23 Heidegger 1927/[14]1977, § 65, S. 329.

len Handlungserfolg in Staat und Gesellschaft und drittens in der mehr göttlichen als menschenmöglichen Glückseligkeit der θεωρία, geistigen Schau oder Kontemplation, gesucht werden. Anhand dieser drei Typen von Grundentwürfen des Glücks unterscheidet Aristoteles drei Lebensformen und erklärt die dritte, den βίος θεωρετικός, für die attraktivste, glaubt aber, dass sie sich im Menschenleben nicht auf Dauer stellen lässt, optiert daher im Wesentlichen für die zweite, den βίος πολιτικός, und verwirft die erste, den βίος ἀπολαυστικός.[24] Es käme jedoch darauf an, über die Einseitigkeiten dieser Lebensformen hinweg tätig wirkend zugleich kontemplativ bei sich und den Dingen zu sein und als natürliche Zugabe die Lust an beidem, Handlungserfolg und Kontemplation, zu genießen, also alle drei Glücksaspekte – Lust, Gelingen und Kontemplation – in ein tätig-kontemplatives und lustvolles Lebensganzes zu integrieren. Nun liegt die Lust, sofern sie immer schon dem Gelingen gefolgt ist, wie auch die Unlust beim Misslingen, uns stets im Rücken und hat sich, wenn wir uns in ihr vorfinden, eingestellt ohne unser direktes Zutun als ein Kollateralbonus eines erwirkten Erfolgs oder eines geglückten kontemplativen Weltbezugs. Darin erweist sie sich als das Analogon des realistischen Wahrheitsaspektes und des Zeitmodus der Vergangenheit, somit als der faktische und perfektivische Aspekt des Glücks. Noch leichter erkennbar entspricht dem phänomenalen Wahrheitsaspekt und dem Zeitmodus der Gegenwart das Glücken der Kontemplation als der phänomenale und präsentische und dem pragmatischen Wahrheitsaspekt und Zeitmodus der Zukunft das Gelingen des Handelns als der praktische und futurische Aspekt des Glücks. Dass Aristoteles Letzterem und dem zugehörigen tätigen Leben in der Polis den

24 Vgl. Aristoteles: *Ethica Nicomachea* I 3, 1095b14–1096a10, und für das Glück der Kontemplation ebd. X 7, 1177a12–1178a8.

Vorrang einräumt, lässt sich verstehen, wenn man auf die lebensweltliche Zeitstruktur achtet. Schon an und für sich hat der praktisch-futurische Glücksaspekt eine Leitfunktion für das Glück, weil es ja die Praxis ist, die uns auf das Ziel der εὐδαιμονία hin orientiert; und längs und kraft der Zeitlinie wird diese Leitfunktion noch verstärkt. Denn jeder Augenblick *spreizt sich auf*[25] als der je gegenwärtige auf Kosten seines Vorgängers und wird der Vergangenheit und dem Vergessen anheimgegeben durch seinen Nachfolger; keiner ist der letzte; keiner der finale Sieger. Daher ist jedes erreichte Glück gefährdet und motiviert zu Maßnahmen, es auf Dauer zu stellen. Beständig müssen wir Sorge tragen für kommendes und dann bleibendes Glück, und dieses Ziel unseres Strebens drängt uns in einen Progress, der ins Endlose läuft oder liefe, wenn er nicht vor Erreichen des Ziels faktisch abgebrochen würde durch den Tod. Wir sterben unvollendet, weil die Struktur der Zeit es in Beziehung auf die εὐδαιμονία nicht anders zulässt.

Der Tod als faktischer Abbruch eines seinem Begriffe nach unendlichen Progresses ist absurd. Das kehrt Sartre hervor gegen Heidegger, der im Tod die Instanz zu erkennen meinte, die dem menschlichen Dasein seine Ganzheit und die Möglichkeit eigentlicher, authentischer Existenz zuwachsen lässt.[26] In der Sache hat Sartre recht, aber nicht gegen Heidegger, der nicht an die lineare, lebensweltliche Zeit, sondern an die ursprüngliche Zeitlichkeit denkt, wenn er im Vorlaufen in den Tod eine Quelle der Eigentlichkeit erblickt. Im Strukturganzen der nichtsukzessiven Zeitlichkeit ist mein Tod nichts, was mit einem unbestimmten zukünftigen Zeitpunkt auf der Zeitlinie zu

25 Von der »Aufspreizung« des Jetzt spricht Hegel, *Enzyklopädie* § 258 Zusatz (= TW 9, S. 48).

26 Vgl. Sartre 1943 (Quatrième partie, chapitre premier, II.E) Ma mort, S. 615–642 (dt. 1993, S. 914–955), bzw. Heidegger 1927/[14]1977, § 53.

assoziieren wäre, sondern die äußerste und begrenzende meiner Möglichkeiten, die mir und meiner ursprünglichen, nicht zeitlich linear zerstreuten εὐδαιμονία Stand und Profil verleiht. Sartre hat recht, dass mein Tod und meine Endlichkeit in der lebensweltlichen Zeit nicht dasselbe sind, und Heidegger mag rechthaben, dass sie in der ursprünglichen Zeitlichkeit zusammenfallen, in der das Vorlaufen in den Tod nicht längs der Zeitlinie, von der ja abgesehen ist, erfolgt, sondern mich, wie immer Heidegger dies genau verstanden wissen will, zum stabilen Ganzen derjenigen Person vollenden soll, deren zerstreuter, oft genug unglücklicher Vollzug ich längs der Zeitlinie war, bin und sein werde. Man wird Heidegger sicher zugestehen, dass die apriorische Selbstindividuation des leiblichen Subjektes nicht die Person als Ganze, sondern jeweils eines (und einen) ihrer sukzessiven Entwicklungsmomente längs der Zeitlinie individuiert und dass ihre personale Identität und Ganzheit damit noch nicht gegeben ist. Hier also könnte dem Tod als Grenze meiner Möglichkeiten und Möglichkeit meines Nichtseins die individuierende Funktion zukommen, die Sartre für die Zeitlinie zu Recht in Abrede stellt und die Heidegger für die ursprüngliche Zeitlichkeit zur Pointe erhebt.

Angenommen, die Pointe stimmt, so ist zu fragen, was für das menschliche Glück damit gewonnen wäre. Dass der absolute Geist es ist, der die Individuen verbraucht, als deren Abfolge er sich vollzieht, war Hegels abschlägige Glückskonzeption, der zufolge ich als Geist mein Glück auf Kosten meiner als leiblichen Subjektes mache. Mein Tod, meine Irrelevanz als Individuum ist die Geburt, die Genese meiner – wirklich meiner? – als Geistes. Über dieses trostfreie Glück geht Heidegger ein Stück weit hinaus. Indem ich in meinen Tod vorlaufe, nicht längs der Zeitlinie im drückenden Affekt der Furcht als in ein bevorstehendes Ereignis, sondern quer zur Zeitlinie in der erhebenden

Grundstimmung der Angst als in die äußerste Begrenzung meiner Möglichkeiten, gewinne ich, obwohl meine Individualität längs der Zeitlinie noch stets unfertig ist, des ungeachtet schon mich selbst. In der Angst, die anders als die Furcht keinem je bestimmten Sachverhalt gilt, sondern dem Nichts als solchem, in dem das Seiende als Ganzes seine Bewandtnis verliert,[27] wird dieses Mich-Gewinnen und wird die ursprüngliche Zeitlichkeit, die zunächst ein so abstraktes, rein diskursiv gewonnenes Residuum schien wie ihr gegenüber der physikalische Parameter *t*, zum konkreten Phänomen. Aber die identische Person, als die ich mich dabei in eigentlicher Existenz gewinne, erbt das Maß ihres Glücks und Unglücks von ihren Erlebnissen längs der Zeitlinie. Dort also darf das Schmerzliche und Furchtbare nicht ins Unermessliche gehen, wenn ich mit mir als der im Vorlaufen zum Tod ganz gewordenen Person und mit meiner Welt soll im Reinen sein können. Die Gutgestellten mögen es in puncto Glück mit Heidegger, vielleicht sogar mit Hegel halten, doch den Drangsalierten dieser Erde werden beider Glückslehren, so betrachtet, wie Hohn erscheinen müssen.

Prousts Held Marcel, obschon gutgestellt, ist auf der Suche nach mehr und wird schließlich fündig. Dass auf der Zeitlinie das Glück sich im Endlosen der Zukunft entzieht und keinen Fixpunkt definitiver Sinnstiftung bildet, hat zur Kehrseite, dass die Zeit nicht einfachhin vergeht, sondern in einem pointierten Sinn verlorengeht. Längs der Zeitlinie sind wir strukturell unvollendet, bis der Tod unseren Lebenslauf abbricht, und bilden frei unseren Charakter fort, ohne dass er je vollendet würde. Dadurch werden vergangene Lebensereignisse immerzu neu interpretiert und unterliegen so einer fortlaufenden Änderung ex post. Es kann folglich keine vollkommen getreue, konservierende

27 Vgl. Heidegger 1927/[14]1977, § 40.

Erinnerung geben; sondern ein Ereignis, an das ich mich erinnere, ist jetzt in der Erinnerung ein anderes, anders gefärbtes, als es damals in seiner Gegenwart war. Der Gedanke, die Vergangenheit sei im Prinzip in einem als unbegrenzt vorgestellten Erinnerungsvermögen exakt wiederherstellbar, ist Ausdruck des Mythos der Transparenz. In diesem verschärften Sinn also geht die Zeit beständig verloren und kann als die, die sie war, nicht wieder in Erinnerung gerufen werden, sondern nur als indessen neu interpretierte, ex post veränderte und verfremdete. Vorwärts auf der Zeitlinie lauert der Tod, und rückwärts herrscht das Vergessen. Von daher kann Marcel das sonst unerklärliche tiefe Glück verstehen, das ihn in verschiedenen Lebensabschnitten anlässlich bestimmter Wiedererinnerungen überfiel, in seiner Jugend einmal, als er eine in Lindenblütentee getränkte Madeleine kostete wie Jahre zuvor als Kind bei seiner Tante Léonie in Combray, und in fortgerücktem Alter mehrmals in rascher Folge anlässlich einiger anderer Erinnerungserlebnisse vor und während einer Matinee. In seiner Jugend drang er nicht durch zum Grund des Glücks, und es blieb ephemer. Im Alter aber gelingt es ihm, eine Diagnose – und mittels ihrer das Glück auf Dauer – zu stellen, und dies wie folgt: Zum Profil des außergewöhnlichen Erinnerungsglücks gehört eine Hochstimmung, die durch das erinnerte Ereignis nicht gedeckt ist und die so weit geht, dass in ihr sogar der Tod seine Relevanz verliert. Einst saß Marcel depressiv in einem Zug, der auf offener Strecke angehalten hatte, und hörte einen Bahnarbeiter mit einem Hammer gegen ein Rad schlagen; nun erklingt während besagter Matinee ein Löffel an einem Tellerrand und ruft jenes Hämmern, wie es damals war, das heißt ohne die sonst unvermeidbare retrospektive Sinnüberlagerung, ins Bewusstsein zurück. Ein gegenwärtiger und ein vergangener Augenblick fusionieren im Licht eines identischen Sinnes, als stünde die Zeit still. In dieser Sinnfusion muss die Quelle des Glücks zu finden sein. Marcel kommt zu dem Schluss, dass er quer zur Zeitlinie mit der invarianten Essenz der Zeit in Kontakt gekommen ist. Hätte die Zeit ihre Essenz in der linearen Sukzession, so würde sie ständig neu überschrieben, neu interpretiert und liefe außerdem auf den absurden Abbruch durch den Tod zu. Doch in der wider alles vernünftige Erwarten eingetretenen diachronen Sinnfusion zeigt sich plötzlich konkret erlebbar die Essenz der Zeit als ein nichtsukzessives Strukturganzes, das über Heideggers ursprüngliche Zeitlichkeit noch hinausweist ins Unendliche der Ewigkeit. An Platons *Timaios* mag man denken, daran, dass dort die Zeit als »ein bewegtes Bild der Ewigkeit«, spezifischer als ein »gemäß Zahl gehendes ewiges Bild der im Einen verharrenden Ewigkeit« bestimmt wird,[28] und an Platons Hinweis im *Parmenides* auf den Augenblick plötzlichen Umschlagens, das ἐξαίφνης,[29] wenn etwas prima facie Überzeitliches in die Zeit einbricht. Demgemäß muss wohl in Marcels glückvollen Wiedererinnerungen das Urbild der Zeit, die Ewigkeit, in ihr Abbild, die Zeit, eingebrochen sein und muss phänomenal erlebbar gemacht haben, dass wir alles, was wir in der Zeit erleben, in verklärter Weise ipso facto in und für die Ewigkeit erleben. Diese wäre zu denken als die ins Todlose, Unendliche entgrenzte ursprüngliche Zeitlichkeit, wie auch Heidegger in einer Fußnote gegen Ende von *Sein und Zeit* nahelegt, wo er an die Adresse der Theologie gewendet sagt: »Wenn die Ewigkeit *Gottes* sich philosophisch ›konstruieren‹ ließe, dann dürfte sie nur als ursprünglichere und ›unendliche‹ Zeitlichkeit verstanden werden.«[30] – Auf dem Boden der Subjektivitätsthese scheinen wir allerdings schlussfolgern

28 Platon: *Timaios*, 37d5 bzw. 37d6f. Die Übersetzungen sind diejenigen von Ernst A. Schmidt (2012, S. 19).

29 Ders.: *Parmenides* 156e.

30 Heidegger 1927/[14]1977, § 81, S. 427 Anm. 1.

zu müssen, dass Marcel, was auch er nicht ganz ausschließen kann, einem Trompe-l'œil unterlag, als er das längs der Zeitlinie Verlorene in der ewigen Essenz der Zeit wiederzufinden glaubte, einer Blicktäuschung, die, so bitter es klingen mag, vielleicht eher in der Gehirnforschung als in der Zeitphilosophie zu thematisieren wäre.

§ 13. Glück und Unglück der Schlechtgestellten. Ethikotheologie und Theodizee

Manche Gutgestellte werden anders als Marcel von sich behaupten, dass sie an der Struktur der Zeit und an der Sterblichkeit nicht leiden. Vermutlich verdrängen sie den Ernst ihrer Lage, denn die Zeit unterwirft auch ihr Wirken, ob sie es sich vor Augen halten oder nicht, einem logisch endlosen Fortgang mit faktischem Abbruch. Auch kann ihnen das ambivalente Spektrum der natürlichen und gesellschaftlichen Verhältnisse nicht verborgen bleiben. Die Natur, so einladend sie uns mitunter entgegentritt, ist rücksichtslos gegen das Lebendige, wie Naturkatastrophen belegen, und das Lebendige seinerseits gegen anderes Lebendige, wie die Nahrungsaufnahme von Mensch und Tier belegt, ganz zu schweigen vom gesellschaftlichen Übel und moralischen Bösen. Nur glücklicher Zufall ist es, wenn ein Mensch lebenslang verschont bleibt, und um so schlimmerer Zufall, wenn andere elend zugrunde gehen; und wer bis heute gutgestellt war, muss es morgen nicht mehr sein. Ontologisch gesehen sind wir alle Prekariat. Dass manche der im Augenblick Verschonten dies verdrängen, wollen wir ihnen aber nicht verübeln; denn wir alle verdrängen es um des effektiven Weiterlebens willen die meiste Zeit.

Drei Modelle des Ringens um Sinn und Glück haben wir im vorigen Paragraphen gestreift, diejenigen von Hegel, Heidegger und Proust, und alle de facto an die Adresse der Gutgestellten gerichtet gefunden. Am anderen Ende des weiten Spektrums von Glück und Unglück sehen wir die § 10 erwähnten »wesentlichen Gespenster«, wie Quentin Meillassoux sie nennt:

> die entsetzlichen Todesfälle: verfrühter Tod, Kindestod, Tod von Eltern, die wissen, dass ihre Kinder zum selben Tod verurteilt sind, und noch andere Fälle, die weder von denen, die sie erleiden, noch von jenen, die sie überleben, akzeptiert werden können.[31]

Das 20. Jahrhundert war voll von ihnen, und Meillassoux glaubt, dass sie uns vor ein Dilemma stellen, dessen eines Horn das Bedürfnis einer ethikotheologisch begründeten Religion und dessen anderes Horn das Theodizeeproblem sei, das zum Atheismus führe, eines so inakzeptabel wie das andere. Einerseits müssen wir um der entsetzlich Gestorbenen willen die Existenz eines allmächtigen Gottes postulieren als eines barmherzigen, die Menschheit transzendierenden Prinzips, »das den Verstorbenen Gerechtigkeit bringt«.[32] Andererseits nehmen wir damit ein Prinzip an, das die entsetzlichen Todesfälle hätte verhindern können und es nicht tat, also einen perversen Gott, und vergrößern nur den Albtraum (*cauchemar*) dem wir zu entgehen suchen.[33] Meillassoux' Ausweg ist es, auf einen kommenden, noch nicht existierenden, daher am gegenwärtigen Elend

31 »Les spectres essentiels, ce sont les morts terribles: morts précoces, et morts odieuses, mort de l'enfant, mort des parents sachant leurs enfants voués au même sort, et autres encore. Morts de mort naturelle ou criminelle, morts d'une mort qui ne pouvait être assumée ni par ceux qui la subirent, ni par ceux qui leur survivent.« (Meillassoux 2006, S. 1 f., dt. 2017, S. 160)

32 Ebd., S. 2 (»un principe clément, transcendant l'humanité […], porteur d'une justice pour les défunts«), dt. 2017, S. 161.

33 Ebd., S. 4, dt. 2017, S. 163.

der Welt unschuldigen Gott zu hoffen und ferner, da die Naturgesetze nicht erlauben, »die ernsthafte Hoffnung auf eine kommende Wiedergeburt der Verstorbenen aufrecht zu erhalten«,[34] auf eine künftige Änderung dieser Gesetze, deren Kontingenz Hume ja überzeugend dargetan habe. So würde unsere Hoffnung auf Gerechtigkeit und Auferstehung von der Kontingenz aller Dinge und von der Möglichkeit eines kommenden Gottes abhängen. Doch Hume hat erstens nur gezeigt, dass die Notwendigkeit der Naturgesetze *nicht auf empiristischer Basis* dargetan werden kann, was Kant und andere bewog, a priori dafür zu argumentieren, dass es logisch kontingente, aber naturnotwendige Gesetze geben muss. Die nomologische Notwendigkeit sollten wir daher nicht leichtfertig in Abrede stellen. Zweitens wird Meillassoux' Vorschlag von der Rätselfrage heimgesucht, wie die personale Identität einer gestorbenen mit einer auferstehenden Person zu gewährleisten ist, zumal der kommende Gott jetzt noch nicht existiert und die Gestorbenen noch gar nicht kennen und in Erinnerung behalten kann. Und selbst ein Gott, der immer existierte, die Lebenden kennte und sie nach ihrem Tod in Erinnerung behielte, wäre nicht ohne Weiteres in der Lage, die Verstorbenen in numerischer Identität zu neuem Leben zu erwecken, statt bloß aus der Erinnerung exakte Duplikate zu schaffen.[35] Die Subjektivitätsthese verschärft das Problem zur Aporie, da ihr zufolge Gott sich gar nicht erst auf Individuen beziehen, noch viel weniger sie im Gedächtnis behalten und dann wiedererwecken könnte. Wir müssen andere Wege erkunden.

34 Ebd., S. 8 (»Les lois de la nature ne permettent pas d'entretenir l'espoir sérieux d'une renaissance à venir des disparus.«), dt. 2017, S. 168.

35 Vgl. zu dieser Problematik Hermanni 2011, S. 184 f.

Aber ist hier nicht ohnehin der Wunsch Vater des Gedankens, der Wunsch nach Auferstehung der Toten? Wenn ja, so kann und sollte man von ihm abstrahieren. Übrig bleibt dann die Forderung der reinen praktischen Vernunft nach Übereinstimmung mit sich gemäß dem Nichtwiderspruchsprinzip. Man muss Kant nicht in allen Details seiner Moralbegründung aus reiner Vernunft folgen, um die Relevanz der Vernunftallgemeinheit für Fragen von Recht und Gerechtigkeit zu erkennen, und diese Vernunftallgemeinheit, ausgedrückt in dem kategorischen Imperativ: »Ich soll nach verallgemeinerbaren Grundsätzen handeln«, hat zur Voraussetzung die Möglichkeit von Gerechtigkeit. Wenn aber Auschwitz das letzte Wort über das Leben der dort Ermordeten wäre, wäre die Möglichkeit von Gerechtigkeit faktisch widerlegt und der Vernunftimperativ als ungültig, die Vernunft als im Widerspruch mit sich erwiesen. Durch verwandte Überlegungen kommt Kant zu dem Ergebnis, dass die Existenz Gottes als des Garanten möglicher Gerechtigkeit ein Postulat der reinen praktischen Vernunft ist. Das höchste Gut, auf das alle Vernunftmoral indirekt abzielt – direkt zielt sie jeweils nur auf verallgemeinerbare Handlungsgrundsätze –, ist für Kant das Glück aller Vernunftwesen nach Maßgabe ihrer Glückswürdigkeit, also ihrer Moralität. Das mag mit Blick auf Vernunftwesen, die in tiefe Schuld verstrickt und für entsetzliche Todesfälle verantwortlich sind, unbarmherzig klingen, zumal christlichen Ohren, die die Botschaft hörten, dass wir alle gleichermaßen Sünder sind und nur aus Gnade gerettet werden können. Aber da gemäß Kants Konzeption nicht wir, sondern Gott über die Glückswürdigkeit der Menschen zu befinden hätte, könnte die Frage der Gerechtigkeit und Gnade für die Täter entsetzlicher Taten seiner höheren Weisheit überlassen werden.

Kants rein rationale Moralphilosophie sollte hier nicht verteidigt, sondern nur als Beispiel dafür herangezogen werden, dass es jenseits des privaten Wunsches nach Auferstehung und Unsterblichkeit theoretische Motive für die Ausarbeitung einer Ethikotheologie geben kann. Die Forderung nach Gerechtigkeit für die Toten von Auschwitz ist ein solches Motiv, nicht zwingend eines für das ambitiöse Unternehmen eines Gottesbeweises, wohl aber für die vorsichtige Sondierung einer Möglichkeit oder auch nur Prima-facie-Möglichkeit von Glück und Gerechtigkeit für alle Menschen und besonders die entsetzlich zu Tode Gekommenen. Wenn nun zwar die Subjektivitätsthese diese Möglichkeit einerseits zu blockieren scheint, so entkräftet sie andererseits ein Argument entgegengesetzter Tendenz, das Argument ausgehend von der vermeintlichen Zufälligkeit der Spezies Homo sapiens, mit dem die Erwartung von Glück und Gerechtigkeit als haltlos abgetan werden soll. Als biologische Spezies mag der Homo sapiens ein kosmischer Zufall sein, auf dessen Glück nichts weiter ankommt; als ontologische Spezies jedoch ist das Lebewesen, das den Logos hat, logisch notwendig für die ontische Individuation der Dinge und daher intern verflochten mit der Struktur der Vernunft, die in ihrer Rolle als praktische Vernunft Gerechtigkeit fordert. Die Forderung mag unerfüllbar und die Vernunft in letzter Analyse schwach und ungültig sein. Aber bevor das erwiesen ist, liefert ihre Forderung ein vernünftiges Motiv, trotz des Anscheins eines gegenteiligen Verdiktes der Subjektivitätsthese eine Prima-facie-Möglichkeit von Glück und Gerechtigkeit für die entsetzlich Umgekommenen wie überhaupt für alle Menschen zu erkunden.

Eine Quelle weiteren Zweifels ist das von Meillassoux betonte Problem der Theodizee. Aus ihm könnte man sich herausreden wollen mit Verweis auf die menschliche Freiheit: Gott habe Freie geschaffen, und diese seien für Auschwitz verantwortlich, nicht er. Aber ein allmächtiger Gott hätte seinen freien Geschöpfen in den Arm fallen können, bevor es zum Äußersten kam. Außerdem gibt es entsetzliche Todesfälle auch in der außermenschlichen Natur. Dem wird man vielleicht begegnen wollen mit dem Hinweis auf die menschliche Sünde, durch die Gottes ursprünglich gute Schöpfung entstellt und beschädigt wurde. Aber die Welt war, wie sie ist, im Großen und Ganzen schon, bevor es Menschen gab. Man müsste also eine diachron wirksame logische Verschränkung zwischen dem freien, sündigen Handeln der Menschen und der vormenschlichen, anzestralen Natur oder aber gleich rundheraus den Teufel annehmen, der Gottes gute Schöpfung verdorben habe fast von Anfang an. Auch hier freilich hätte ein allmächtiger Gott in vielerlei Weisen intervenieren und schlimme Folgen der menschlichen oder teuflischen Sünde abfedern oder konterkarieren können.

Vielleicht tut er es auch, nur nicht hier und jetzt sofort, sondern dort und dann in der kommenden Welt? Vielleicht ist das irdische und zeitliche Geschehen nur ein Vorspiel für ein überirdisches und ewiges? Dann fielen die hiesigen Leiden – und Freuden – kaum ins Gewicht gegenüber dem kommenden Glück. Dies ist vielleicht die wirksamste Art, dem Theodizeeproblem aus dem Weg zu gehen. Wenn man sich einmal zur Annahme Gottes verstiegen hat, ist die Zusatzthese, dass die irdischen Leiden und Ungerechtigkeiten sub specie aeternitatis nicht mehr ins Gewicht fallen und dass einst alles Leid von den in Auschwitz Ermordeten abgetan werden wird, so gut wie gratis zu haben. Nicht ganz gratis allerdings; denn je unbedeutender demnach die irdischen Dinge sein sollen, desto flacher und uneigentlicher wird die menschliche Existenz auf dieser Erde. So scheint uns die Theodizeeproblematik vor die Wahl zwischen Atheismus und Lob der Uneigentlichkeit zu stellen. Aber vielleicht zeichnet sich wider Erwarten gerade in der Fluchtlinie der Subjektivitätsthese und des hermeneutischen Realismus eine bessere Lösungsperspektive ab. Das ist nun zu untersuchen.

§ 14. Quasipersonale Positionen im kollektiven Unbewussten

Der Begriff eines Wechselverhältnisses von Freien (§ 10) hat etwas Paradoxes. Freiheit klingt nach Unabhängigkeit, Selbständigkeit und radikaler Selbstbestimmung. Was jedoch im Wechselverhältnis steht, ist in seinem Wesen mit anderem logisch verschränkt und in seiner Wahlfreiheit eingeschränkt. Wer frei ist, dessen Existenz geht seinem Wesen, was aber im Wechselverhältnis steht, dessen Wesen geht seiner Existenz voraus. Wie also kann ein Mensch frei sein und zugleich in Wechselverhältnissen leben? Er ist leibliche Subjektivität, könnte man sagen, und als Subjekt tendenziell frei, als Leib eingebunden in Wechselverhältnisse. Auf diese Polarität im Spektrum der Wechselverhältnisse beliefe sich dann der tolerable Rest des altneuzeitlichen Dualismus. Aber ein Wechselverhältnis ausdrücklich von Freien? Das ist die paradoxe Spitze des hermeneutischen Antidualismus. Vollkommene Freiheit, gewiss, gibt es nur im impossiblen Grenzfall des transzendentalen Subjektes, das sich in reiner Imagination selbst erimaginiert, indem es sich als seinsohnmächtige causa sui aus dem realen Ansichsein durch Negation herabsetzt zu Sartre'schem Für-sich-sein. Doch im Realfall ist das Subjekt ein beschränkt freier Akteur in vielerlei Wechselverhältnissen, darunter dem allseitigen interpersonalen Wechselverhältnis moralisch verantwortlicher Akteure, welches man *die moralische Weltordnung* nennen kann.

Aber die Freiheit wird nicht nur von außen in Frage gestellt, sondern auch durch ihre eigene interne, aporetische Verfassung. Vom gesetzlosen Zufall muss sie sich unterscheiden durch ein außergewöhnliches Gesetz, das singuläre Vernunftgesetz der Autonomie des Willens. Es lässt sich, wie Kant in den Anfangsparagraphen der *Kritik der praktischen Vernunft* zeigt, als ein kategorischer Imperativ formulieren, der die Verallgemeinerbarkeit unserer Handlungsgrundsätze fordert, und wird anders als Naturgesetze durch Ausnahmen oder Anomalien nicht entkräftet, sondern entkräftet umgekehrt diese: Sie *sollen* nicht sein. Aber sie *sind*, sie kommen vor, wie unmoralisches Handeln vielfach belegt. Die innere Aporie der Freiheit nun besteht darin, dass unmoralische Handlungen entgegen dem Freiheitsgesetz geschehen und insoweit nicht frei sind, also scheinbar nicht zurechenbar, was die seltsame Konsequenz hätte, dass uns nur unser moralisch einwandfreies Handeln zugerechnet werden dürfte, unsere Verstöße gegen das Freiheits- und Moralgesetz uns jedoch gemäß Naturgesetzen eher zustießen, als dass wir sie selbst hervorbrächten. Reinhold hat diese von Erhard Schmid formulierte und zu einem *intelligiblen Fatalismus* ausgearbeitete Aporie im Sinne Kants lösen wollen und eine Freiheit der Willkür als Wahlfreiheit zweiter Stufe zwischen dem Guten und dem Bösen, der Autonomie und der Heteronomie des Willens, in Ansatz gebracht.[36] Doch Kant hat das Angebot 1797 in *der Metaphysik der Sitten* zurückgewiesen und die Aporie de facto ungelöst gelassen,[37] vielleicht eingedenk seiner agnostischen These von 1793, in der Religionsschrift, dass für uns »kein begreiflicher Grund da [sei], woher das moralisch Böse in uns zuerst gekommen sein könne«.[38] Der Ursprung des Bösen, der Ursprung der Freiheit und der Ursprung des transzendentalen Selbstbewusstseins liegen, so muss man, teils mit Kant, teils über ihn hinausgehend und angeregt durch Hegels *Logik* sowie durch die Paradoxie des Lügners, vermuten, in der Singularität der reinen Selbstverneinung (§ 9), einer Antinomie, die nach ihrer positiven Seite als transzendentales Selbstbewusstsein, als Selbstbestimmung und Freiheit erscheint, nach ihrer ne-

36 Vgl. Reinhold 1792, 8. Brief, S. 262–308.
37 Vgl. Kant 1797, S. 226.
38 Ders. 1793, S. 43.

gativen Seite aber das zu Meidende und zu Umgehende ist, das, wenn es, statt gemieden oder umgangen, eigens herbeigeführt und gesetzt wird, zur Quelle des Bösen wird. Doch dies sind, zugegeben, Spekulationen in einem Bereich, in dem nicht vermutet werden dürfte, sondern bewiesen werden müsste. So viel aber lässt sich einsehen: Entschärft oder umgangen wird die Antinomie der Verneinung am ehesten durch Kontamination mit Realem, also durch den Ausgang aus der impossiblen transzendentalen Grundstellung. Daher können wir sagen, dass reale Freiheit kontaminierte, nicht reine Freiheit ist und dass die realiter Freien in einem allseitigen interpersonalen Wechselverhältnis stehen, in welchem sie nie vollkommen selbstbestimmend und autonom und nie vollkommen fremdbestimmt und heteronom agieren. Die Forderung des kategorischen Imperativs liefe, so gesehen, darauf hinaus, den Grad der eigenen Autonomie nach Kräften zu steigern.

Vor diesem Hintergrund ist eine merkwürdige Umkehrung der Ausgangsverhältnisse festzustellen. Der transzendentale Bereich, in dem ursprünglich vollkommene Transparenz herrscht, muss wegen der dort vorwaltenden Antinomie der Selbstverneinung partiell abgeschattet werden, während im Gegenzug das heilsam opake außerlogische Reale im westlichen Denken dem Mythos der Transparenz unterstellt wurde. Den Mythos haben wir oben kritisiert und brauchen ihn hier nicht weiter zu behandeln. Doch die Antinomie im Transzendentalen verdient unser gegenwärtiges Interesse, denn sie ist die logische Quelle einer teilweisen Bewusstseinsabschattung und Verdrängung der antinomischen Situation und damit der Konstitution eines Bewusstseinsbereiches, für den sich die etwas irreführende Bezeichnung des Unbewussten durchgesetzt hat, an der wir gegen Sartres freudkritischen Einspruch aber festhalten wollen. Der Sache nach freilich ist das sogenannte Unbewusste das Andersbewusste, das wie alles Bewusstsein notwendig im Bereich der möglichen Ich-denke-Begleitung liegt und präreflexives Selbstbewusstsein ist.[39] Aber der Vollzug der Reflexion oder der Ich-denke-Begleitung ist mit Bezug auf es aus diesen oder jenen Gründen blockiert.

Es kann hier keine Theorie, sondern höchstens eine thetische Skizze des individuellen und kollektiven Unbewussten – oder Andersbewussten – entworfen werden. Das Unbewusste besteht aus Aspekten genuin menschlichen, verstandesdurchwirkten Bewusstseins, das wider seine Natur auf den Status des vormenschlichen Bewusstseins relegiert wurde. Für Tiere ergibt der Begriff des Unbewussten daher keinen Sinn. Was für Menschen eine reduzierte Bewusstseinsform ist, ist für sie der Normalzustand. Tiere *leben* die vielerlei Daten ihrer – affektiv besetzten und konativ ausgerichteten – Wahrnehmungen und Erinnerungen, sie reflektieren sie nicht, können sie nicht reflektieren. Ein Tier müsste daher »ein so vielfarbiges verschiedenes Selbst haben, als [es] Vorstellungen« hat, deren es sich bewusst ist,[40] wenn dies nicht vom menschlichen Standpunkt aus geredet wäre. Was tierisches Bewusstsein ist und wie es sich in der Binnenperspektive ausnimmt, können wir nicht imaginieren, weil wir nicht imaginativ vom Denken und seiner basalen Leistung, der transzendentalen Synthesis der Einbildungskraft und des Verstandes, zu abstrahieren vermögen. Deswegen können wir uns auch den Bereich des Unbewussten bzw. des anders – vorsynthetisch – Bewussten nicht konkret vorstellen. Wir wissen nur in abstracto, dass in diesem Bereich eine weniger perzeptuelle als memorative, dabei notwendig affektiv-konativ geprägte Besetzung des je persönlich zentrierten allgemeinen Raum-Zeit-Feldes vorliegt; aber die Objekt-Subjekt-Unterscheidung ist noch

39 Vgl. Sartre 1943, Quatrième partie, chapitre II: Faire et avoir. I. La psychanalyse existentielle, S. 643–663 (dt. 1993, S. 956–986).

40 Kant 1787, § 16, B 134.

nicht vollzogen oder vielmehr deaktiviert. Das Raum-Zeit-Feld ist die allgemeine Sphäre der Wechselverhältnisse, darunter insbesondere des interpersonalen; in Raum und Zeit überlagert sich daher das Bewusstsein samt dem Unbewussten eines jeden freien Akteurs mit dem jedes anderen und ist von Akteur zu Akteur nur durch die jeweilige Zentrierung um den eigenen Leib verschieden. Dem allgemeinen menschlichen Bewusstsein, der gemeinsamen menschlichen Lebensform, entspricht insofern auch ein allgemeines menschliches Unbewusstes. Wie jenes, so differenziert sich auch dieses nach raumzeitlicher Nähe und interaktiven Zusammenhängen in vielfacher Weise aus. Es gibt das kollektive Unbewusste aller bisherigen Menschen insgesamt, das kollektive Unbewusste eines Zeitalters, eines Landes, einer Nation, einer Stadt, einer Glaubensgemeinschaft, einer Groß- oder Kleinfamilie usw., die sich alle vielfach durchdringen und überlagern. Die Grundlage von ihnen allen aber ist das allgemeine Wechselverhältnis der Freien und noch tiefer das singuläre Wechselverhältnis aller Wechselverhältnisse, der unendliche logische Raum selber, den, wer will, Gott nennen mag.

Für diese personalisierende Benennung kann angeführt werden, dass Wechselverhältnisse insofern selbstbezüglich sind, als zu jedem es selber als eines seiner Glieder, als definierendes und dominantes Glied, gehört. Gott wäre demnach das – in der Zeit evolvierende – singuläre Wechselverhältnis, sofern es in ihm selbst als sein definierendes und dominantes Glied auftritt. Ebenso müsste in der moralischen Weltordnung als dem Wechselverhältnis der Freien ein definierendes Glied und dominantes Freies auftreten als ausgezeichneter Akteur, der gleichermaßen den Namen *Gott* verdiente. Fichte hat bekanntlich diesen Vorschlag unterbreitet.[41] Nach Leibniz' Sprachgebrauch wäre dies

41 Vgl. Fichte 1798.

Gott als der Monarch im Reich der Gnade, während das dominante Glied des allumfassenden singulären Wechselverhältnisses Gott als der Architekt des Reiches der Natur wäre.[42] Aber das sind vorerst nur Redensarten, deren theoretischer Gehalt höchst fragwürdig ist.

Auf dem Weg zu mehr theoretischem Gehalt können wir zunächst feststellen, dass es Quasipersonen gibt, die kein Eigenpsychisches, sondern nur ein Fremdpsychisches besitzen, Personen ausschließlich aus der Perspektive der dritten oder allenfalls zweiten Person, nicht aber der ersten. Wir schreiben ihnen Überzeugungen und Wünsche zu, reden sie unter Umständen auch an; aber sie sprechen ihrerseits nie in der ersten Person zu uns, jedenfalls nicht in öffentlich beobachtbarer Rede. Die Gottheiten der Mythologie sind solche Quasipersonen und auf andere Weise auch unsere Toten, die zu Lebzeiten in der ersten Person von sich sprachen und jetzt nicht mehr. Im Wechselverhältnis der freien Akteure bleiben sie diachron persönlich anwesend und sind sie synchron noch präsent als quasipersonal gewordene, kraftvolle Leerstellen. In den vielerlei Nuclei des kollektiven Unbewussten nehmen sie insgeheim Einfluss auf das Tun und Leiden der je zugehörigen Lebenden, teils vielleicht als uns heimsuchende »Gespenster« in Meillassoux' Sinn. So waren etwa die römischen Penaten Schutzgötter und Tote einer Familie *in einem*, Fluss- und Berggötter die personalisierten Wechselverhältnisse der jeweiligen Anrainer, Pallas Athene das personalisierte Wechselverhältnis der Bürger von Athen und so weiter. Doch wie Sterbliche sterben, so starben zwar nicht, aber schwanden auch diese Unsterblichen und blieben in Ländern vor unserer Zeit zurück. Die Epoche der Mythologie ist vorüber. Allerdings sind wir auch heute noch Gefah-

42 Vgl. Leibniz, *Monadologie*, Ziffer 87, und *Principes de la nature*, Ziffer 15.

ren ausgesetzt, die von kollektiven Quasipersonen ausgehen wie zum Beispiel von Nationen, die einerseits zwar die Einheiten der Demokratie bilden, andererseits aber im Extremfall ihre Mitglieder in Kriegen verbrauchen, um Mitglieder konkurrierender Nationen umzubringen. Sie als ideologische Ausgeburten des 19. Jahrhunderts kleinzureden, ist gefährlich und kontraproduktiv und kommt ihrer stillen Macht entgegen, wie es gefährlich und kontraproduktiv wäre, etwa die kalabrische Mafia als Regionalphänomen abzutun, das weiter nördlich, in Mailand oder Erfurt, nur in Kriminalromanen existiere.

Einer der Götter mythologischen Ursprungs verdient indes unser anhaltendes Interesse, weil er es in den abrahamitischen Großtheorien bis zum ens realissimum et necessarium gebracht und damit das Zeitalter der Mythologie beendet und überlebt hat. Man könnte diese Entwicklung freilich noch anders interpretieren und sagen, der eine und ewige Gott der Offenbarungsreligionen und der rationalen Theologie habe sich in längst vergangenen Zeiten in den Stammesgott JHWH eingesenkt, ihn über sich hinausgetrieben ins Unendliche und ihm damit seinen Eigennamen genommen, der nun tabuisiert und nicht mehr ausgesprochen wurde. Dieser Quasi-Inkarnationsprozess wird in der hebräischen Bibel in verschiedenen Entwicklungsstufen sichtbar, im Neuen Testament und im Koran im Ergebnis festgehalten und in den muslimischen, jüdischen und christlichen Großtheologen des Mittelalters, von Ibn Sina, Moses ben Maimon, Thomas von Aquin und anderen, zu einem philosophisch-theologischen Abschluss gebracht, dies aber so, dass der unendliche Gott hier als ab ovo mit JHWH identisch konzipiert wird. Statt des Gedankens von Gottes Quasi-Inkarnation in JHWH taucht vielmehr in der christlichen Theologie der Gedanke auf, dass Gott sich in dem Menschen Jesus von Nazareth tatsächlich inkarniert habe, der dreifaltige Gott als die Person des ewigen Sohnes zeitlich in dem Sohn irdischer Eltern oder zumindest einer irdischen Mutter. Als der Mensch Jesus würde Gott im Einklang mit der Subjektivitätsthese dann in Raum und Zeit sich epistemisch und ontisch und beliebige Raumzeitregionen epistemisch individuieren können. Aber für die Lösung unseres Gerechtigkeitsproblems reicht dies noch nicht aus; wir brauchen noch einen weiteren Lösungsbaustein.

§ 15. Ein anderer Raum und eine andere Zeit?

Da Raum und Zeit vollständig durch das Wechselverhältnis der Wechselverhältnisse besetzt sind, liegt der Gedanke einer dem umfassenden Wechselverhältnis eigenen qualitativen raumzeitlichen Tiefenstruktur nahe. Allerdings sind Raum und Zeit als notwendige Bedingungen der ontischen und epistemischen Individuation Sphären rein quantitativer Mannigfaltigkeit; denn eine Raum-Zeit, deren Regionen sich nur qualitativ unterschieden, böte keine Basis für den begrifflichen Kontrast von qualitativer und numerischer Identität und würde den Anschein einer Antinomie der Individuation nicht auflösen können.[43] Andererseits müssen, was bisher implizit blieb, zumindest kleine Ausschnitte von Raum und Zeit eine quantitativ-qualitative Doppelstruktur besitzen, weil sie die apriorische Selbstindividuation leiblicher Subjekte fundieren. Es sind dies die kleinen Räume und kurzen Zeiten der Bezugsrahmen egozentrischer Koordinatensysteme. Im klei-

43 Strawson (1959, Kapitel 2) erwägt anhand eines nichträumlichen, rein zeitlichen Klangwelt-Bewusstseins als eindimensionalen qualitativen Raumersatz einen durchgehend erklingenden Führungston, dessen verschiedene Tonhöhen die verschiedenen Stellen dieses Raumersatzes darstellen. Aber dieser qualitative Ersatz ist aus besagten Gründen unzureichend als allgemeine Bedingung der Möglichkeit der Individuation.

nen Raum meines Leibes und in der kurzen Zeit meines augenblicklichen Wahrnehmungsbewusstseins, die die Basis meiner Orientierung im allgemeinen Raum-Zeit-Feld bilden, orientiere ich mich auf qualitativer Basis, weil ich a priori gehaltvolle Asymmetrien zwischen Scheitel und Sohle, rechter und linker Hand, Rücken und Gesicht sowie zeitlicher Protention und Retention zu erwarten habe. Mein Körpergefühl ist demnach Bewusstsein eines Stückchens qualitativen Raumes im quantitativen Raum und mein Gegenwartsbewusstsein Bewusstsein eines Stückchens qualitativer Zeit in der quantitativen Zeit. Sollte also, was für solche Ausschnitte der Raum-Zeit gilt: dass sie eine quantitativ-qualitative Doppelstruktur besitzen, nicht auch für diese insgesamt gelten *können*? Nichts bislang Erkennbares spricht dagegen. Und könnte man dann nicht ein unendliches Bewusstsein annehmen, das sich zum Raum-Zeit-System insgesamt so verhielte, wie mein Bewusstsein zu dem kleinen Raum meines Leibes und der kurzen Zeit meiner augenblicklichen Wahrnehmung? Auch das ließe sich denken. Allerdings wäre jenes unendliche Bewusstsein auf eklatante Weise einseitig. Spezifisch für ein endliches Bewusstsein ist ja, dass die Doppelstruktur des Raumes und der Zeit auf seinen egozentrischen Koordinatenursprung beschränkt und so die Basis seiner Orientierung in der allgemeinen Raum-Zeit und eine notwendige Bedingung der ontischen Individuation der Dinge ist. In der kleinen Binnen-Raum-Zeit hat die qualitative Struktur den Primat, in der großen Außen-Raum-Zeit die quantitative, und nur wenn es einen solchen Bereich des Primats der quantitativen Struktur gibt, ist ursprüngliche Individuation möglich. Einem unendlichen Bewusstsein qualitativ-quantitativer Doppelstruktur fehlte eben dieser Bereich; es hätte keine innerraumzeitliche egozentrische Perspektive und keinen Begriff der Einzelheit; das Wechselverhältnis wäre ihm keines von Einzelnen oder gar Freien. Ein holistisches, auf dem umfassenden Wechselverhältnis beruhendes, qualitativ geführtes Raum-Zeit-Bewusstsein wäre defizitär, und die Komplettierung könnte nur über endliche, leibliche Subjektivität gelingen. Für diese fehlende Seite ließe sich vielleicht die im vorigen Paragraphen erwogene Inkarnationshypothese heranziehen. Aber wir müssen zuvor noch mehr Klarheit über eine etwaige qualitativ-quantitative Doppelstruktur von Raum und Zeit gewinnen.

Dem Gedanken einer solchen Doppelstruktur kommt bisweilen die bildende Kunst entgegen. Die Zeit freilich lässt sich nur indirekt malen, als Strömung eines Flusses, leichtes Wehen des Abendwindes im Segel eines Bootes, eben noch strahlendes Dämmerlicht, während die Sonne hinter einem schmalen Wolkenband am Horizont schon untergeht und – jetzt – verschwunden ist. Was den Raum betrifft, so färbt das späte Licht die Dinge dunkler und gibt der Flusslandschaft und dem Himmel, der vom hellen Gold in der Bildmitte aufwärts ins weite Abendblau reicht, eine Ahnung von vibrierender Tiefe, die die sichtbare Oberfläche mit Bedeutung auflädt. Die Rede ist vom Umschlagbild um Thomas Nagels *View From Nowhere*, dem *Großen Gehege* von Caspar David Friedrich. Hier wird die Kunst auf vollkommen unaufdringliche Weise religiös und wird im Gegenzug die Religion *eigentlich*, entwertet die irdischen Dinge nicht mehr, sondern bringt sie zum Glänzen, zu ihrem Eigenglanz und Eigengewicht. Der von Friedrich gemalte Blick ins qualitative Raum-Zeit-Feld ist in der Tat ein Blick von nirgendwo, aber er bleibt gebunden an einen zugehörigen Blick von einem Punkt hier und jetzt ins quantitative Raum-Zeit-Feld. Friedrichs Gemälde hat diesen Blickpunkt freilich etwas zu weit über dem Boden, als dass ein Maler dort stehen und malen könnte, sein Stand- und Blickpunkt ist im Wortsinn überirdisch – und doch vollkommen innerweltlich, wie von einer Drohne mit Kamera eingenommen. Die ungewöhnliche Perspektive, die sich hier mit dem Blick von nirgendwo verbindet, ist unbeschadet ihrer Innerweltlichkeit schon keine Alltagsperspektive mehr, eher eine Festtagsperspektive, die ein Mitschwingen der quantitativen Oberflächenstruktur von Raum und Zeit mit ihrer qualitativen Tiefenstruktur zum Vorscheinen bringt und den Gleichklang feiert. Dergleichen könnte gemeint sein, wenn Gerd Theißen in seinem resonanztheologischen Glaubensbekenntnis von Resonanzerfahrungen spricht (§ 11).

Es dürfte sich also lohnen, gezielter nach der Möglichkeit eines qualitativen Raumes und einer qualitativen Zeit zu fragen. Zu den Disanalogien von Raum und Zeit gehört das Tempus verbi. Eine Person, die nicht hier lebt, existiert gegebenenfalls anderswo. Eine Person, die nicht jetzt lebt, mag früher existiert haben oder später existieren, aber *existiert* nicht. Die Zeit, so könnte man daher sagen, ist die allgemeine Form des je individuellen formalen Seins oder Dass-Seins der Dinge, die allgemeine Form ihrer bloßen Existenz. *Was* hingegen ein Ding ist (woraus es besteht, was ihm widerfährt usw.), ist es in der Breite des Raumes. Der Raum ist insofern die allgemeine Form des inhaltlichen Seins oder Was-Seins der Dinge. Zieht man in Gedanken vom Dass-Sein einer Person, ihrer individuellen Lebensspanne, die Zeit als allgemeine Form ab, so bleibt nichts konkret Reales übrig. Zieht man in Gedanken vom Was-Sein einer Person den Raum als allgemeine Form ab, so bleibt ebenfalls nichts konkret Reales übrig. Kant lädt uns ein, diese Abstraktionen durchzuführen, und nennt, was als abstraktes Residuum übrigbleibt, das Ding an sich. Dieses ist identisch mit den in Raum und Zeit erscheinenden Dingen; es *ist* diese Dinge abzüglich ihrer raumzeitlichen Form oder *wäre* sie, wenn nach Abzug der Form noch etwas bliebe. Was bleibt, ist aber ein bloßes Abstraktum, das für sich nicht existieren oder der Fall sein kann. Das Ding an sich existiert nur in Gestalt der raumzeitlichen Dinge, nur in dieser raumzeitlichen Formung, wie auch die prima materia der aristotelischen Tradition, die der Wirklichkeit nach nichts und der Möglichkeit nach alles ist, nur als so oder so geformte existiert. Wie diese bedarf auch das Ding an sich, damit wir es als existent annehmen können, einer gedanklichen Rekonkretisierung, sei es zurück in die vertrauten Formen raumzeitlichen Was-Seins und Dass-Seins, sei es mittels einer abstrakten Rekonkretisierung in postulierte, unanschauliche, alternative Formen des Was-Seins und Dass-Seins, mithin in einen diskursiv gedachten Raum- und Zeit-Ersatz. Als ein solcher böte sich nach dem vorigen die qualitative Tiefenstruktur des dann nur an der Oberfläche quantitativen Raum-Zeit-Feldes an. Ihren zeitlichen Anteil mag man übrigens in dem vermuten, was für Prousts Romanfigur in Wiedererinnerungen als die *Essenz der Zeit* zum Phänomen wurde (die entsprechende *Essenz des Raumes* könnte im Phänomen mitinbegriffen sein). Nach der Subjektivitätsthese reicht aber eine qualitative raumzeitliche Tiefenstruktur für die vollständige, Individuation ermöglichende Konkretion nicht aus. Die qualitative Tiefenstruktur, sofern es sie gibt, zehrt für die Individuation vom Primat der quantitativen Oberflächenstruktur. Ist freilich die Individuation einmal geleistet, so könnte sie vielleicht auch unter Fortfall der notwendigen Ausgangsbedingungen in einem rein qualitativen Raum-Zeit-System aufrechterhalten werden. So würde sich die Tiefenstruktur von der Oberflächenstruktur emanzipieren, ihr gleichsam entwachsen können. Und vielleicht ließe sich dann der Tod eines Menschen, da seine Individuation seit seiner Geburt oder sogar schon Zeugung gesichert ist, interpretieren als sein Rückzug in die qualitative Raum-Zeit des umfassenden und zugleich auch des interpersonalen Wechselverhältnisses, in dem wir alle ohnehin immer schon zu Hause sind, wenngleich uns das in der quantitativen Raum-Zeit nicht ohne Weiteres auffällt.

Um voreilige Kritik abzufangen, sei ein Tu-quoque-Argument eingeflochten. Seriöse Quantenphysiker, die aus mir unverständlichen Gründen großen Abscheu vor der »Kopenhagener Deutung« und dem Messpostulat kultivieren, das innerphysikalisch für die Makro-/Mikro-Dualität steht, haben die Viele-Welten-Interpretation der Quantenmechanik entwickelt, der zufolge sich die Welt mit uns in ihr ständig in Myriaden verschiedene Welten und somit Myriaden verschiedene Fortsetzungen unserer Biographien teilt, die fortan isoliert voneinander und nicht mehr eine von einer anderen aus empirisch zugänglich sind. Und dies allein aus Horror vor dem Messpostulat.[44] Wie viel größer aber muss unser Abscheu und Horror vor dem Genozid in Auschwitz sein! Wenn nun Heil und Rettung für die dort Gequälten nur vorstellbar ist in einer anderen Welt oder vielmehr in einer tieferen Fortsetzung und Erweiterung unserer Welt, und zwar einer, die keineswegs epistemisch gänzlich unerreichbar ist, sondern in unsere Welt scheint und in ihr mitschwingt, so ist die entsprechende Existenzvermutung gewiss viel bodenständiger und weniger verstiegen als die Annahme jener vielen Welten.

Allerdings ist die Existenz einer qualitativen Tiefenstruktur der Raum-Zeit nur eine notwendige, keine hinreichende Bedingung für die Rettung der entsetzlich zu Tode Gekommenen. Es bedarf auch eines machtvollen Akteurs, der Gerechtigkeit schafft, also Gottes. Seine Individuation ist die triviale des unverwechselbaren Absoluten, also des Wechselverhältnisses aller Wechselverhältnisse, doch dies ist noch nicht die personale Individuation eines denkenden und fühlenden Akteurs. Gott müsste als das einzige Aus-

44 Bei Sean Carroll (2019, S. 25) tritt der Horror auf als die alte einsteinsche Sorge, dass die Quantenmechanik in ihrer bisherigen Lehrbuchform »ein Orakel darstellt, kein wahres Verstehen« (meine Übersetzung, A.F.K.).

nahmesubjekt konzipiert werden können, das seine Individuation unabhängig davon besitzt, dass endliche Subjekte sich im quantitativen Raum-Zeit-Feld individuieren. Für ihn würde Parmenides' Theorem gelten: »Das nämlich Selbe ist sowohl [Gottes] Denken wie Sein.«[45] Allerdings wäre das göttliche Denken-und-Sein so noch in sich verschlossen, ohne Objektivität und Intersubjektivität, wäre weltloses Denken nur dieses Denkens, eine aristotelische νοήσεως νόησις.[46] Ein Gott aber, der Seiendes schafft, muss es aus sich in die Objektivität entlassen, so dass »das geschaffene Sein sich selbst übernimmt, sich vom Schöpfer losreißt und sich sofort über sich schließt und sein Sein auf sich nimmt«, wie Sartre formuliert.[47] Gott müsste also Objektivität denken lernen und zulassen und zudem weitgehend auf die Kontrolle über die Schöpfung verzichten, weil er sich auf die geschaffenen Seienden, wie die Subjektivitätsthese lehrt, nicht einzeln, nicht auf sie als Einzelne beziehen könnte. Notwendig bleibt eine geschaffene Welt also anfangs ihrem gottfernen Schicksal überlassen, getragen nur davon, dass die qualitative göttliche Raum-Zeit der quantitativen weltlichen Raum-Zeit als Tiefenstruktur unterliegt und in ihr resoniert und dass die logische Verschränkung von Denken und Sein zuletzt Menschen in der geschaffenen Welt entstehen lässt. Doch im Detail herrscht die blinde Notwendigkeit der Naturgesetze und dann in der Umgebung des Homo sapiens überdies die für das Böse stets anfällige menschliche Freiheit. Das ist die Ambivalenz der geschaffenen Welt zwischen Jammer-

45 Parmenides, Fragment 3: … τὸ γὰρ αὐτὸ νοεῖν ἐστίν τε καὶ εἶναι (Diels/Kranz 28 B 3).

46 Aristoteles: *Metaphysik* Λ 9, 1074b34 f.

47 Sartre 1943, Introduction: À la recherche de l'être, S. 25: »On peut concevoir une *création*, à la condition que l'être créé se reprenne, s'arrache au créateur pour se refermer sur soi aussitôt et assumer son être« (dt. 1993, S. 30).

tal und Morgenglanz der Ewigkeit. Wird ihr quantitatives Raum-Zeit-Feld abgelöst für sich betrachtet, so ist sie, theologisch gesprochen, in Sünde verloren. Doch sofern das qualitative Raum-Zeit-Feld in ihr resoniert, breitet sich Hoffnung aus und ein Vorschein von Glück sowie auch selbst schon Glück. Keinesfalls auch muss mit diesem Vorschein und jener Hoffnung ein Verlust an Eigentlichkeit in der menschlichen Existenz einhergehen, denn die quantitative Raum-Zeit ist keine quantité négligeable, sondern eine notwendige Bedingung der Individuation, die die Welt in der Ambivalenz hält. Das Erdenleben zählt, und Beweise für die Existenz eines anderen gibt es nicht, nur erlebte Resonanz und das Vernunftpostulat der Gerechtigkeit.

Da von göttlicher Seite anfangs keine gezielten Eingriffe in die Schöpfung möglich sind, sondern nur allgemeine Resonanz, erledigt sich auch das Problem der Theodizee. Man sieht im Gegenteil, wenn man die Inhalte des abrahamitischen und besonders des christlichen Glaubens zugrunde legt, wie sehr Gott für seine Schöpfung Sorge trägt, damit sie nicht ganz verlorengehe. Hier findet die Theologie dankbare Möglichkeiten, die poetischen Bilder der Religion theorieförmig auszugestalten. Nach christlicher Lehre differenziert Gott sich aus – präobjektiv und präintersubjektiv – in drei Personen, die opak identisch bleiben. Die Person des Vaters ergreift unter Rekurs auf die im qualitativen Raum-Zeit-Feld des Wechselverhältnisses fortbestehende Individuation von Personen und Quasipersonen Besitz von der Quasiperson JHWH. Eine erste Verbindung zu den Details der geschaffenen Welt ist damit gestiftet, so dass in der Fülle der Zeit die Person des Sohnes, durch den der Vater die objektive Welt auch geschaffen hat, sich gezielt in dem Menschen Jesus von Nazareth inkarnieren kann. Die Person des Heiligen Geistes schließlich eint und trägt die Gemeinschaft derer, die an Gott glauben. Und so weiter. Es ist nicht Aufgabe der Philosophie, hier doktrinal kreativ zu werden.

§ 16. Das Gebiet der Religion

Eine Nebenaufgabe der Philosophie ist es allenfalls, die Theologie argumentativ zu unterstützen, um der Religion ihr Gebiet zu wahren, das ihr von vielen Seiten streitig gemacht wird. Keineswegs hat die Religion denselben Inhalt wie die Philosophie, den sie dann bloß poetisch zu bebildern hätte, sondern ihr Inhalt reicht über alles philosophisch Begründbare hinaus in Bereiche, in denen zwingendes Argumentieren und begriffliches Durchdringen an ihr Ende kommen und belehrenden Geschichten, wesentlichen Metaphern und poetischen Bildern Raum geben müssen. Belehrende Geschichten sind Mythen in einem positiven Sinn, aufklärende, explizite Mythen im Unterschied zu irreführenden, impliziten Mythen wie dem Mythos des Gegebenen und dem Mythos der Transparenz. Wenn etwa Aristoteles rügt, die Platonischen Ideen lägen kausal brach für die Welterklärung, so hat Platon dem bereits Rechnung getragen, indem er im *Timaios* einen aufklärenden Mythos erzählen lässt, dem zufolge ein göttlicher Welthandwerker die Welt nach dem Vorbild des Ideenkosmos hergestellt habe. Es reicht hier, irgendeine Geschichte zu erzählen, wie nach allem, was wir wissen, die Ideen indirekte kausale Relevanz für die erscheinende Welt besitzen könnten, um dem Generalverdikt, sie seien kausal irrelevant, entgegenzutreten. Die erzählte Geschichte muss nicht selbst zutreffen, es genügt, dass sie sich plausibel erzählen lässt, denn wenn sich *eine* erzählen lässt, dann gewiss auch andere, von denen irgendeine, gleichviel welche, zutreffen dürfte (später entdeckt man sie vielleicht). In ähnlicher Absicht hat Sellars, um den Mythos des Gegebenen zu erledigen, einen aufklärenden Mythos von einem Urpsychologen Jones erzählt, der auf der Basis einer behavioristischen Vorzeitpsychologie innere begriffliche und sensorische Episoden als quasitheoretische Entitäten eingeführt und so unsere heutige Alltagspsychologie begründet habe.[48] Jones steht in Sellars' Mythos für eine lange menschliche Generationenfolge und der Welthandwerker in Platons Mythos wohl für den Ideenkosmos selbst. Aufklärende Mythen machen kontextuelle Möglichkeiten und Prima-facie-Möglichkeiten begrifflich nachvollziehbar, darin liegt ihr Erkenntniswert, und solche Mythen können auch dort erzählt werden, wo es um Gottes Wirken und um Glück und Gerechtigkeit für die Lebenden und die Toten geht.

Bewiesen werden kann auf diesem Gebiet, dem der Religion, positiv nichts. Die Einzelwissenschaften sind zuständig für die Erkenntnis dessen, was wirklich ist, Mathematik und Philosophie für die Erkenntnis dessen, was notwendig und was unmöglich ist, und die Religion für die Erzählung dessen, was wir nach allem, was wir wissen, bezüglich Glück und Gerechtigkeit hoffen können. Letzteres betrifft keine metaphysische, sondern eine epistemische Modalität. Metaphysisch möglich ist, was ohne Widerspruch konzipiert werden kann, epistemisch möglich, was unserem Wissen nicht widerspricht, und prima facie möglich, was bislang nicht als unmöglich erwiesen wurde. Eine positive Wissenschaft des metaphysisch Möglichen gibt es nicht, weil mit versteckten Widersprüchen immer zu rechnen ist. Dies gilt nicht nur in der Philosophie, sondern sogar in der Mathematik, denn wie Gödel gezeigt hat, kann in einem de facto widerspruchsfreien Axiomensystem der Arithmetik die Widerspruchsfreiheit des Systems zwar als arithmetischer Satz formuliert, aber nicht bewiesen werden. So kann auch die Philosophie keine Möglichkeiten beweisen,

48 Vgl. Sellars 1963b, S. 183–196.

insbesondere nicht die epistemische und erst recht nicht die metaphysische Möglichkeit Gottes, die als Prämisse für das ontologische Argument benötigt wird,[49] sondern muss sich damit begnügen, Argumente für die Unmöglichkeit Gottes zu entkräften, um Gottes Existenz wenigstens als Prima-facie-Möglichkeit offenzuhalten.

Was zweitens das kosmologische Argument angeht, so ist auch mit seinen Varianten keine Gottesgewissheit zu erlangen. Philosophisch lässt sich zeigen, dass notwendig irgendetwas, sei es ein Notwendiges oder ein Zufälliges, existiert (denn wenn nichts existierte, würde per impossibile das Nichts existieren, § 10). Dass ein Zufälliges nur logisch eingehegt innerhalb der Notwendigkeit von *irgendetwas* Existentem existieren kann, könnte man als eine schwache, rein logische Variante des Satzes vom zureichenden Grund betrachten. Leibniz hat sie wie auch die schwache, rein logische Variante des Prinzips der Identität des Ununterscheidbaren zu einem starken metaphysischen Prinzip umgedeutet und hier wie dort mit der Verstärkung übers Ziel hinausgeschossen. Anders als er lehrt, gilt die Identität des Ununterscheidbaren nur, wenn auch relationale und näher indexikalische Eigenschaften berücksichtigt werden (§ 5); und anders als er lehrt, können Ursachenketten nicht im Transfiniten in einem notwendigen Wesen ihren Ursprung haben.[50]

49 Der einfache Grundgedanke der modalen Variante dieses Argumentes ist der folgende: Wenn Gott als das notwendige Wesen metaphysisch möglich ist, existiert er in mindestens einer möglichen Welt, und zwar *als* notwendiges Wesen, damit aber auch in allen möglichen Welten einschließlich der wirklichen. Doch dass Gott in mindestens einer möglichen Welt existiert, ist eben philosophisch nicht beweisbar. Vgl. die Diskussion der modalen Variante des ontologischen Argumentes bei Inwagen 1993, Kapitel 5, und 2012, S. 236–240.

50 Vgl. für diese Problematik, die hier nicht vertieft werden kann, Koch 2012, S. 383–385.

Das physikotheologische Argument aus der Feinabstimmung der Naturkonstanten, drittens, scheitert unmittelbar an der Subjektivitätsthese. So bleibt zuletzt nur das ethikotheologische Argument in Gestalt eines Vernunftpostulats der Gerechtigkeit, insbesondere für die entsetzlich zu Tode Gekommenen. Es kann, wie Kant sah, nicht unabhängig von seinem postulativ-rationalen Charakter bewiesen werden und ist insofern ein bloßer Glaube, wenn auch ein vernunftgewirkter Glaube, und als vernunftgewirkter ein unabweisbar vernünftiges Motiv, um nach Prima-facie-Möglichkeiten seiner Erfüllung zu suchen, das heißt Gegenargumente, die der Erfüllung des Postulats im Wege stehen, sukzessiv zu entkräften – was eine endlose Aufgabe ist, weil jederzeit neue Gegenargumente ersonnen werden können. In dieser Abhandlung wurde gezeigt, dass der Naturalismus als Quelle solcher Gegenargumente ausfällt, weil er seinerseits an der Subjektivitätsthese scheitert. Ferner wurde gezeigt, dass die Problematik der Eigentlichkeit und die der Theodizee keine überzeugenden Gegengründe gegen den Theismus als solchen freisetzen, sondern allenfalls gegen Standardvarianten, die dem Mythos der Transparenz frönen. Hauptsächlich aber ging es darum, die Subjektivitätsthese, die im ersten Teil als starkes Prima-facie-Argument gegen den Theismus profiliert wurde, im zweiten Teil so zu kontextualisieren, dass ein genereller Atheismus nicht mehr aus ihr gefolgert werden kann.

Sofern dies gelungen ist, scheinen wir bis zum Auftauchen neuer bedenkenswerter antitheistischer Argumente berechtigt, die religiösen Großerzählungen tentativ als aufklärende Mythen zu verstehen und in wissenschaftlicher Theologie begrifflich aufzubereiten. Schauen wir vom Standpunkt des so Erreichten auf das apostolische Glaubensbekenntnis und seine resonanztheologische Alternative zurück. Letztere stellt in drei Artikeln ein extensives, ein intensives und ein aktivierendes Erleben von Resonanz mit den Wellen göttlichen Lichtes in den Mittelpunkt und will von daher in den ersten beiden Artikeln die poetischen Bilder von Gott als Schöpfer und von Gott als Mensch aufschließen. Aber ist nicht eher das Bild vom Resonieren mit dem göttlichen Licht poetisch zu nennen, während Schöpfungsakt und Inkarnation theoriefähig sind? Mein Vorschlag zur Güte wäre, alle drei Vorstellungen als theoriefähig anzusehen.[51] Für die Resonanz wurde oben auf die Dualität einer quantitativen Oberfläche und einer qualitativen Tiefenstruktur von Raum und Zeit rekurriert, was theoretisch auszubauen wäre. Die Schöpfung kann als der singuläre übermäßige Sonderfall von Akteurskausalität gefasst und näher expliziert werden gemäß den Anforderungen der Subjektivitätsthese als ein Entlassen von Sein aus dem göttlichen Absoluten zu einer eigenen, über sich geschlossenen und sich als viele Dinge individuierenden, ambivalenten Existenzform. Der anfänglichen Schöpfung, die blind und auf gut Glück geschehen musste, folgt als Heilsmaßnahme Gottes die Inkarnation. Sie wäre nach der Theorie der Wechselverhältnisse als opake Identität Gottes mit einem einzelnen Menschen zu deuten. Selbstverständlich sind alle diese Bemerkungen noch keine Lösungsformeln, sondern erst Aufgabenstellungen, aber keine, die sich nicht anpacken ließen.

Was den zweiten Artikel und die Begegnung mit dem Menschen Jesus angeht, so mag sie für Augenzeugen in der Tat ihre »intensivste Resonanzerfahrung« gewesen sein. Uns bleiben ihre Berichte, die dies nahelegen; doch was die Zeugen anschauten, können wir nur vorstellen. Die superlativische Besonderheit des Menschen Jesus ist für uns nur diskursiv zugänglich als Inkarnationstheorem und narrativ in den Berichten von Jesu Leben, Lehren und Ster-

51 In einem schwachen Sinn, versteht sich: als diskursiv artikulierbare, aber unbeweisbare Glaubenssätze.

ben. Dass er einen entsetzlichen Tod erlitt, kann Hoffnung stiften für andere entsetzlich Gestorbene, dies aber nur, wenn auch der Gedanke seiner Auferstehung theoriefähig ist; denn den grausam Getöteten ist nicht schon dadurch geholfen, dass auch Jesus grausam getötet wurde. Die qualitative Raum-Zeit, die in der quantitativen mitschwingt, muss diese überragen, über sie überstehen, und im überstehenden, hier und jetzt unsichtbaren Teil einem erneuerten, ewigen Leben Raum und Wohnung bieten.

Der dritte resonanztheologische Artikel betont das Handeln der Menschen, sofern es vom Heiligen Geist angeregt wird. Aber die geistgewirkte, aktivierende Resonanz, die von Egozentrizität befreien soll, wäre weit überfordert mit der Aufgabe, die Ambivalenz der Welt zum Guten hin aufzulösen. Bei allem gelingenden Miteinander, bei allem Schönen in Natur und Kultur, bei allem Vorschein von Glück und Gerechtigkeit, bleibt unsere Welt ebenso sehr auch das sattsam bekannte Jammertal. Vor allem aber käme für die Ermordeten von Auschwitz ein Übergehen der Menschheit in bessere, liebevollere Erdenverhältnisse zu spät.

Werfen wir zum Schluss noch einen Blick auf die knappen und prägnanten Sätze des apostolischen Bekenntnisses, das zuvor noch einmal zitiert sei:

> Ich glaube an Gott, den Vater, den Allmächtigen, den Schöpfer des Himmels und der Erde.
>
> Und an Jesus Christus, seinen eingeborenen Sohn, unsern Herrn, empfangen durch den Heiligen Geist, geboren von der Jungfrau Maria, gelitten unter Pontius Pilatus, gekreuzigt, gestorben und begraben, hinabgestiegen in das Reich des Todes, am dritten Tage auferstanden von den Toten, aufgefahren in den Himmel; er sitzt zur Rechten Gottes, des allmächtigen Vaters; von dort wird er kommen, zu richten die Lebenden und die Toten.
>
> Ich glaube an den Heiligen Geist, die heilige katholische [d.h. allgemeine christliche] Kirche, Gemeinschaft der Heiligen,

> Vergebung der Sünden, Auferstehung der Toten und das ewige Leben. Amen.

Wieviel davon ließe sich glauben mit der Aussicht, nichts Unmögliches zu glauben? Zunächst einmal wohl Holm Tetens' »Torso«, bestehend aus Artikel 1 und dem Großteil von Artikel 3:

> Ich glaube an Gott, den Vater, den Allmächtigen, den Schöpfer des Himmels und der Erde. […] Ich glaube an den Heiligen Geist, […], Vergebung der Sünden, Auferstehung der Toten und das ewige Leben.[52]

Artikel 2 bereitet vorsichtigen Theoretikern offenbar größere Schwierigkeiten. Dass Jesus gelebt hat, dass seine Mutter Maria hieß, dass er unter Pontius Pilatus gekreuzigt und begraben wurde, ist unproblematisch. Flapsige Gemüter könnten sich sogar mit der Jungfrauengeburt arrangieren und annehmen, dass das Y-Chromosom des Königs David, das für den jüdischen Messias unabdingbar war, durch Heiminsemination unter segnender Mitwirkung des Heiligen Geistes von dem Davidnachkommen Josef an seine Verlobte Maria gelangt sei und dass die Verlobten erst nach Jesu Geburt die Ehe vollzogen und weitere Kinder in die Welt gesetzt hätten. Aber das ist vermutlich eine rein historische, heilsirrelevante Nebenfrage. In welchem Sinn Jesus am Kreuz starb, ob allein im juristischen einer vollstreckten Hinrichtung oder auch im medizinischen, ist gleichfalls eine historische Frage. Allerdings ist die Auferstehung am dritten Tag nur denkbar, wenn wir den juristischen Sinn zugrunde legen. Dass Jesus, wenn nicht am Kreuz, dann später das Zeitliche gesegnet hat und in irgendeinem Sinn in den Himmel aufgefahren ist, vielleicht so, wie auch andere Sterbliche im Tod ›auffahren‹ in den die quantitative

52 Tetens 2015, S. 10 mit Fußnote 9.

Raum-Zeit überragenden Bereich der qualitativen Raum-Zeit, wird man ebenfalls zum prima facie Möglichen zählen dürfen. Freilich bleibt für die christliche Theologie ganz prinzipiell zu klären, welche genaue Relevanz dem konkreten irdischen Lebenslauf Jesu für den christlichen Glauben zukommt. Dies kann und muss den Kolleginnen und Kollegen aus der ersten Fakultät überlassen werden. Diejenigen aus der zweiten und dritten Fakultät, der juristischen und medizinischen, mögen sich über Varianten des Kreuzestodes verständigen und uns entsprechend belehren. In der vierten und untersten, der philosophischen Fakultät werden die Geschichtswissenschaften, die Philologien und die Philosophie mit je spezifischen Erkenntnisbeiträgen aufzuwarten haben.

Die Philosophie als die Untersuchung der logischen Verschränkung von Denken und Sein darf sich von vielen interessanten Forschungsdesideraten rund um das Leben Jesu und von Fragen nach der Bedeutung von Jesu Lebensdaten für den christlichen Glauben für dispensiert halten. Sie ist als hermeneutischer Realismus, also in der Theorieform, die sie nach der Überzeugung des Verfassers anzunehmen hat, in der Methode atheistisch und beinahe auch in der Sache. Wie der sachliche Atheismus wider alles von der Subjektivitätsthese genährte Erwarten doch noch abgewendet werden könnte, wurde im zweiten Teil der Abhandlung geprüft. Die Theorie der Wechselverhältnisse und die Vorstellung einer qualitativen Tiefenstruktur von Raum und Zeit ließen die Prüfung glimpflich ausgehen für die Religion und unsere Hoffnung auf Glück und Gerechtigkeit. Die Wahrheit der religiösen Lehrinhalte allerdings, ja sogar ihre bloße Widerspruchsfreiheit und Möglichkeit, kann kein Mensch beweisen. Entweder schauen wir, aber nicht hier und jetzt, oder wir glauben. Oder wir glauben nicht.

Literaturverzeichnis

Aristoteles: *Ethica Nicomachea*, hg. v. I. Bywater, Oxford 1894.

Aristoteles: *Metaphysica*, hg. v. W. Jaeger, Oxford 1957.

M. Black: »The Identity of Indiscernibles«, in: *Mind* LXI (1952), S. 153–164.

W. D. Blattner: *Heidegger's Temporal Idealism*, Cambridge 1999.

R. Carnap: *Logische Syntax der Sprache*, Wien 1934.

R. Carnap: *Meaning and Necessity. A Study in Semantics and Modal Logic*, Chicago 1947.

S. Carroll: *Something Deeply Hidden. Quantum Worlds and the Emergence of Spacetime*, o.O. (USA) 2019.

D. Davidson: »Mental Events [1970]«, in: ders.: *Essays on Actions and Events*, Oxford 1980, S. 207–225.

D. Davidson: »Radical Interpretation [1973]«, in: ders.: *Inquiries into Truth and Interpretation*, Oxford 1984, S. 125–139.

H. Diels (Hg.): *Die Fragmente der Vorsokratiker.* Griechisch und deutsch, Berlin 1903, ab der 5. Auflage, Berlin 1934, hg. v. W. Kranz.

H.-P. Falk: *Wahrheit und Subjektivität*, Freiburg/München 2010.

J. G. Fichte: *Grundlage der gesamten Wissenschaftslehre* [1794/95], in: *Fichtes Werke*, hg. v. I.H. Fichte, Bd. I, Berlin 1845, S. 83–328.

J. G. Fichte: »Ueber den Grund unseres Glaubens an eine göttliche Weltregierung«, in: *Philosophisches Journal* VIII [1798], S. 1–20 (abgedr. in: *Fichtes Werke*, hg. v. I.H. Fichte, Bd. V, Berlin 1845/46, S. 175–189).

V. Gerhardt: *Glauben und Wissen. Ein notwendiger Zusammenhang*, Stuttgart 2016.

J. Habermas: *Glauben und Wissen. Friedenspreis des Deutschen Buchhandels 2001*, Frankfurt a.M. 2001.

J. Habermas: »Vorpolitische Grundlagen des demokratischen Rechtsstaates?«, in: *Dialektik der Säkularisierung. Über Vernunft und Religion*, mit einem Vorw. hg. v. F. Schuller, Freiburg/Basel/Wien 2005, S. 15–37.

G.W.F. Hegel: *Enzyklopädie der philosophischen Wissenschaften im Grundrisse*, Berlin [3]1830.

G.W.F. Hegel: *Gesammelte Werke* (GW), hg. v. der Rheinisch-Westfälischen Akademie der Wissenschaften, Hamburg 1968 ff.

G.W.F. Hegel: *Werke in 20 Bänden* (Theorie Werkausgabe = TW), auf der Grundlage der *Werke* von 1832–45 neu edierte Ausgabe; Redaktion: E. Moldenhauer/K.M. Michel, Frankfurt a.M. 1969–71.

M. Heidegger: *Sein und Zeit* [1927], Tübingen [14]1977.

M. Heidegger: »Logik. Heraklits Lehre vom Logos. Vorlesung im Sommersemester 1944«, in: *Gesamtausgabe* 55, Frankfurt a.M. 1979, S. 185–387.

M. Heidegger: »Das Ding [1950]«, in: *Gesamtausgabe* 7, Frankfurt a.M. 2000, S. 165–187.

M. Heidegger: »›… dichterisch wohnet der Mensch …‹ [1951]«, in: ebd., S. 189–208.

F. Hermanni: *Metaphysik. Versuche über letzte Fragen*, Tübingen 2011.

Th. Hofweber: »The Place of Subjects in the Metaphysics of Material Objects«, in: *dialectica* 69 (2015), S. 473–490.

Th. Hofweber: *Ontology and the Ambitions of Metaphysics*, Oxford 2016.

U. Hölscher (Hg.): *Parmenides, Vom Wesen des Seienden. Die Fragmente*, Frankfurt a.M. 1969.

P. van Inwagen: *Metaphysics*, Oxford 1993.

P. van Inwagen: »Three Versions of the Ontological Argument«, in: *Gottesbeweise als Herausforderung für die moderne Vernunft*, hg. v. T. Buchheim, F. Hermanni, A. Hutter u. C. Schwöbel, Tübingen 2012, S. 223–240.

I. Kant: *Kritik der reinen Vernunft*, Riga 1781 (=A); [2]1787 (=B).

I. Kant: *Kritik der Urteilskraft*, Berlin/Libau 1790; Berlin [2]1793.

I. Kant: *Die Religion innerhalb der Grenzen der bloßen Vernunft* [1793] (zit. nach: *Kants gesammelte Schriften*, Bd. VI, Berlin 1907/14).

I. Kant: *Die Metaphysik der Sitten* [1797] (zit. nach: ebd.).

I. Kimhi: *Thinking and Being*, Cambridge (MA)/London 2018.

A. F. Koch: »Der kosmologische Gottesbeweis und das Problem der kausalen Fundiertheit«, in: *Gottesbeweise als Herausforderung für die moderne Vernunft*, hg. v. T. Buchheim, F. Hermanni, A. Hutter u. C. Schwöbel, Tübingen 2012, S. 367–388.

A. F. Koch: *Wahrheit, Zeit und Freiheit. Einführung in eine philosophische Theorie*, Paderborn 2006; Münster [2]2013.

A. F. Koch: *Hermeneutischer Realismus*, Tübingen 2016.

A. F. Koch: »Sein und Existenz«, in: A. Luckner/S. Ostritsch (Hg.): *Philosophie der Existenz. Aktuelle Beiträge von der Ontologie bis zur Ethik*, Stuttgart 2019, S. 47–66.

G. W. Leibniz: *La monadologie* [1714], in: ders.: *Monadologie und andere metaphysische Schriften*, hg. v. U. J. Schneider, frz.-dt., Hamburg 2002, S. 110–151.

G.W. Leibniz: *Principes de la nature et de la grâce fondés en raison* [1714], in: ebd., S. 152–173.

D. Lewis: *On the Plurality of Worlds*, Oxford/New York 1986.

C. Martin: *Die Einheit des Sinns. Untersuchungen zur Form des Denkens und des Sprechens*, Habilitationsschrift München 2018 (noch unveröff.).

Q. Meillassoux: *Après la finitude. Essai sur la nécessité de la contingence*, Paris 2006.

Q. Meillassoux: »Deuil à venir, dieu à venir«, in: *Critique* 704–705 (2006); ins Dt. übers. v. R. Frommel als: »Kommende Trauer, kommender Gott«, in: Q. Meillassoux: *Trassierungen. Zur Wegbereitung spekulativen Denkens*, Leipzig 2017, S. 160–172.

Th. Nagel: *The View From Nowhere*, Oxford/New York 1986.

Th. Nagel: *Mind and Cosmos. Why the Materialist Neo-Darwinian Conception of Nature Is Almost Certainly False*, Oxford/New York 2012.

S. Neuber: *Scheinbeziehungen. Von Scheingefühlen und anderen Scheinproblemen der analytischen Ästhetik*, Münster 2013.

T. Pinkard: *Hegel's Naturalism. Mind, Nature, and the Final Ends of Life*, Oxford/New York 2012.

R.B. Pippin: *Hegel's Realm of Shadows. Logic as Metaphysics in the* Science of Logic, Chicago/London 2019.

A. Plantinga: *Warranted Christian Belief*, Oxford 2000; ins Dt. übers. v. J. Schulte als: *Gewährleisteter christlicher Glaube*, Berlin 2015.

A. Plantinga: *Knowledge and Christian Belief*, Grand Rapids/Cambridge 2015.

Platon: *Theaitetos*, in: *Platonis opera*, hg. v. I. Burnet, Bd. I, Oxford 1900.

Platon: *Sophistes*, in: ebd.

Platon: *Parmenides*, in: *Platonis opera*, hg. v. I. Burnet, Bd. II, Oxford 1901.

Platon: *Timaios*, in: *Platonis opera*, hg. v. I. Burnet, Bd. IV, Oxford 1902.

H. Putnam: *Meaning and the Moral Sciences*, London/Henley/Boston 1978.

W.V. Quine: »Epistemology Naturalized«, in: ders.: *Ontological Relativity and Other Essays*, New York 1969, S. 69–90.

W.V. Quine: *The Ways of Paradox and Other Essays. Revised and Enlarged Edition*, Cambridge (MA)/London 1976.

W.V. Quine: *Theories and Things*, Cambridge (MA)/London 1981.

W.V. Quine: *Pursuit of Truth*, Cambridge (MA)/London 1990.

C.L. Reinhold: *Briefe über die Kantische Philosophie*, 2. Bd., Leipzig 1792.

S. Rödl: *Selbstbewusstsein und Objektivität. Eine Einführung in den Absoluten Idealismus,* Berlin 2019.

J.-P. Sartre: *L'être et le néant. Essai d'ontologie phénoménologique*, Paris 1943 (in dt. Übers. als *Das Sein und das Nichts* v. H. Schöneberg u. T. König, Reinbek 1993).

F.D.E. Schleiermacher: Über die Religion. Reden an die Gebildeten unter ihren Verächtern, EA anonym Berlin 1799, mit einer Einl. hg. v. A. Arndt, Hamburg 2004.

M. Schleiff: *Schöpfung, Zufall oder viele Universen? Ein teleologisches Argument aus der Feinabstimmung der Naturkonstanten*, Tübingen 2019.

E.A. Schmidt: *Platons Zeittheorie. Kosmos, Seele, Zahl und Ewigkeit im* Timaios, Frankfurt a.M. 2012.

W. Sellars: »Philosophy and the Scientific Image of Man«, in: ders.: *Science, Perception and Reality*, London 1963a, S. 1–40.

W. Sellars: »Empiricism and the Philosophy of Mind«, in: ebd., London 1963b, S. 127–196.

W. Sellars: *Naturalism and Ontology*, Reseda (CA) 1979.

W. Sellars: »Foundations for a Metaphysics of Pure Process. The Carus Lectures of Wilfrid Sellars«, in: *The Monist* 64 (1981), S. 390.

J.F. Sicha: *Pure Pragmatics and Possible Worlds. The Early Essays of Wilfrid Sellars*, Reseda (CA) 1980.

B. Snell (Hg.): *Heraklit. Fragmente*, griech. u. dt., Darmstadt 1995.

P.F. Strawson: *Individuals. An Essay in Descriptive Metaphysics*, London 1959.

H. Tetens: *Gott denken. Ein Versuch über rationale Theologie*, Stuttgart 2015.

G. Theißen: *Religionskritik als Religionsdiskurs. Plädoyer für einen postsäkularen Dialog*, Stuttgart 2020.

R. Vinco: *Elemente einer Evidenzmetaphysik. Eine geschichtsphilosophische Studie*, Habilitationsschrift Heidelberg 2019 (noch unveröff.).

M.A. Weber: *Meinungsverschiedenheiten. Eine erkenntnistheoretische Analyse*, Frankfurt a.M. 2019.

A.N. Whitehead: *Prozeß und Realität. Entwurf einer Kosmologie*, übers. v. H.G. Holl, Frankfurt a.M. [2]1984.

L. Wittgenstein: *Logisch-Philosophische Abhandlung*, in: *Annalen der Naturphilosophie*, hg. v. W. Ostwald, Bd. 14 (1921), S. 185–262.

Heidelberger Akademische Bibliothek

bereits erschienen:

ERNST A. SCHMIDT
Lateinische Philologie als hermeneutische Textwissenschaft
(2019)

FRITZ PETER KNAPP
Vergleichende mediävistische Literaturwissenschaft
Ein Wegweiser zur kulturellen Einheit Europas vor 1000 Jahren
(2020)

GERD THEISSEN
Religionskritik als Religionsdiskurs
Plädoyer für einen postsäkularen Dialog
(2020)

DIETER LANGEWIESCHE
Vom vielstaatlichen Reich zum föderativen Bundesstaat
Eine andere deutsche Geschichte
(2020)